CH00767044

UNA TAZA DE CAFÉ

Leslie A. Yerkes y Charles Decker

Una taza de café

Ingredientes para dirigir un negocio con pasión

Prólogo de Bob Nelson
Autor de *¿Te limitas a hacer lo que te dicen?*

EMPRESA ACTIVA

Argentina - Chile - Colombia - España
Estados Unidos - México - Uruguay - Venezuela

Título original: *Beans – Four Principles for Running a Business in Good Times or Bad*
Edición original: Jossey-Bass, A Wiley Imprint
Traducción: Marcelo Covián

Copyright © 2003 *by* John Wiley & Sons, Inc.
All rights reserved. Authorized translation from the English language edition published by John Wiley & Sons, Inc.
© de la traducción: 2004 *by* Marcelo Covián
© 2004 *by* Ediciones Urano, S. A.
  Aribau, 142, pral. – 08036 Barcelona
  www.edicionesurano.com

ISBN: 84-95787-53-9
Depósito legal: B - 1.049 - 2004

Fotocomposición: Ediciones Urano, S. A.
Impreso por Romanyà Valls, S. A. – Verdaguer, 1 – 08786 Capellades (Barcelona)

Impreso en España – *Printed in Spain*

A nuestras familias por todo su apoyo

Índice

Prólogo

Ésta es una historia real sobre la cafetería El Espresso. Aunque la cafetería de verdad tiene otro nombre, este pequeño negocio es un ejemplo típico de muchos otros negocios, grandes y pequeños, que operan cada día a lo largo y ancho de Estados Unidos y del mundo. El Espresso ha optado por seguir siendo pequeño y hacer lo que mejor sabe hacer: servir bien a sus clientes.

En esta época de grandes titulares sobre directivos que se han vuelto locos, Jack y Dianne Hartman, los propietarios de El Espresso, son la clase de comerciantes que merecen buena prensa. Durante más de veinte años han sabido ser fieles a sus valores y a sus principios. En el proceso, han creado un negocio que se ha ganado la reputación de servir el mejor café de Seattle, un café lo bastante bueno como para que la gente haga largas colas bajo la lluvia para tomarse una taza.

Trabajo con miles de empresarios y propietarios cada año y la mayoría de ellos busca maneras de crear un negocio de mayor éxito. La respuesta es simple: contrate a la mejor gente que pueda, permítales ser quienes son, trátelos justamente y recompénselos regularmente, infunda en ellos el amor al servicio a los clientes, y esos clientes regresarán fielmente. Estas simples verdades sintetizan el mensaje de *Una taza de café*.

A fin de ayudarle a aplicar los principios de *Una taza de café* en su lugar de trabajo, este libro formula unas preguntas cruciales al final; su finalidad es ayudarle a examinar el estado de sus propias relaciones con el trabajo ya sea usted el propietario, un directivo o un simple empleado.

Le invito a leer este breve libro y a descubrir de qué manera los cuatro principios para dirigir un negocio en buenos y malos tiempos pueden revitalizar a sus empleados y a sus clientes y muy posiblemente a toda su organización.

Mientras lee *Una taza de café,* participará de la experiencia de un negocio del que todos quieren ser habituales, en el que se conoce y respeta al cliente y donde existe un honesto equilibrio entre el servicio al cliente y la dirección del negocio.

Aprenda las lecciones de *Una taza de café* y éste también puede ser su negocio.

Abril de 2003
San Diego, California

Bob Nelson, autor de
¿Te limitas a hacer lo que te dicen?

P.S. Los autores han encontrado un modo práctico de intercambiar información con los lectores. Simplemente visite http://www.beansthebook.com y haga clic en «Feedback». A ellos les encantaría saber qué repercusión han tenido en su empresa las lecciones de este libro.

Prefacio

Era un día caluroso de fines de verano en Seattle en el primer año de este milenio. Mis amigos Ken Blanchard y Harry Paul me llevaron a almorzar al Public Market de Seattle para celebrar la subida del primer libro de Harry (*Fish!*) al puesto número uno en la lista de ventas en Amazon.com, donde yo trabajaba.

Antes del almuerzo, pensábamos visitar Pike Place Fish, el mundialmente famoso mercado de pescado, el lugar de trabajo de los famosos lanzadores de pescado descrito en el libro y en el vídeo de Harry. Pasamos por delante de una diminuta cafetería con una larga cola de clientes en la acera que esperaban alegremente sus cafés con leche, *espressos* y capuchinos. Señalé la tienda y la cola y le dije a Ken, que es famoso por sus casos de estudio escritos en forma de parábolas y fábulas: «Allí hay una historia». Intrigado, Ken me pidió que se lo explicara más en detalle.

Esto es lo que le conté.

«Ken, cada día, llueva, truene o haga sol, esta cafetería tiene una cola de clientes que esperan hasta veinte minutos para tomarse un café. En pleno centro de la ciudad, totalmente dominado por Starbucks, Tully's y Seattle's Best Coffees, muchos de los cuales disponen de cómodos sofás, chimeneas y grandes pianos, este sitio tiene que tener algo especial. Como puedes ver, no tiene más de dos metros cuadrados con un mostrador de aproximadamente dos metros y dos mesas para sentarse en la acera en el verano. Sin embargo, no sólo sobrevive, sino que prospera. Y además se ha creado una fantástica y fanática clientela fiel. Un lugar así tiene que tener alguna magia para crear esa clase de devoción.

»Por lo que he observado, Ken, pienso que la clave de este negocio estriba en seguir las reglas básicas: contrata la mejor gente, delega en ellos e inspírales un gran amor por el servicio al cliente. Y si sigues esas reglas al pie de la letra, tienes éxito ya seas un David peleando contra un ejército de Goliats o estés en una división de una compañía de Fortune 500. Podría ser una gran historia empresarial.»

«Totalmente de acuerdo. ¿Por qué no la escribes tú?», me contestó Ken.

No fue la respuesta que yo andaba buscando. Seguimos charlando y luego tuvimos un almuerzo estupendo, según recuerdo.

Más de un año después de esta conversación, mi amiga Leslie Yerkes, la autora de *Fun Works: Creating Places Where People Love to Work,* vino a Seattle a varias reuniones, entre ellas una con mis colegas de Amazon.com. Esa noche, cuando Leslie y yo íbamos a cenar, le mostré este sitio ejemplar y le conté lo mismo que le había contado a Ken Blanchard hacía más de un año. Dos días después, Leslie me llamó de Cleveland y me dijo: «He estado pensando en lo que me contaste y pienso que tienes razón. Sería un fantástico caso de estudio para un libro y una continuación natural de *Fun Works*. ¿Por qué no colaboramos?»

Lo que usted está a punto de leer es el fruto de esa colaboración. Leslie y yo esperamos que su estímulo le ayude a analizar cómo se siente con su vida, con lo que hace y le enseñe a actuar en buenos y malos tiempos.

Esperamos que *Una taza de café* le ayude a preparar su éxito, taza tras taza.

Abril de 2003   Charles Decker
Nueva York

Nota de los autores

Éste es un relato de ficción pero basado en una historia real con gente real que dirige un negocio real. En la narración hemos cambiado los nombres a fin de proteger la intimidad de los protagonistas y debemos aclarar que algunos de los hechos y de las situaciones también son fruto de nuestra inventiva. Los autores quieren dar las gracias a esas personas que compartieron sus experiencias y sus recuerdos con nosotros.

Creemos firmemente en la importancia de los grupos de lectura en empresas y organizaciones. Para poder llevar a la práctica estas ideas, al final del libro encontrará una serie de preguntas pensadas para animar la conversación y la participación del personal en empresas grandes y pequeñas. Para saber más sobre cómo organizar un grupo de lectura en su compañía, visite nuestra página web:

http://www.beansthebook.com

y haga clic en «Business Literacy».

Una taza de café

Introducción

Una taza de café es la historia de El Espresso, un negocio que ha batallado y prosperado pese a mantenerse, de forma intencionada, pequeño. Nuestra historia transcurre en el centro de Seattle, la capital cafetera de América. Es la historia de la lucha cotidiana de un David en un minúsculo local contra los Goliats corporativos. Es la historia de Jack y Dianne Hartman y de cómo pasaron de auxiliares de vuelo a ser el rey y la reina de la escena cafetera de Seattle.

También es la historia de la gente que optó por trabajar en El Espresso y por frecuentarlo. Descubrirá qué aportaron a esa experiencia y qué sacaron de ella. Y conocerá hasta qué punto El Espresso ha cambiado sus vidas y las vidas de los ciudadanos que se consideran habituales del establecimiento.

Una taza de café es la historia de cómo hace sus negocios El Espresso. Es una historia que parece dirigirse a un mundo que hoy reacciona ante los cambios en los negocios. Es un regreso a los viejos tiempos cuando cada acera de Nueva York tenía vendedores ambulantes, cuando cada ciudad europea tenía un mercado central en el que a diario la gente vendía sus mercancías y sus servicios.

Este libro muestra una forma de sobrevivir en un mundo que se mueve a la velocidad de la luz. Es una historia que nos enseñará a nosotros y a nuestro personal a apasionarnos y a llenar nuestra vida con gente como nosotros.

Pero fundamentalmente es la historia de cómo la *Pasión*, las *Personas*, el *Trato Personal* y el *Producto* pueden ayudarle a mejorar su experiencia laboral ya sea usted propietario, gerente o un empleado que busca un modo más inteligente de trabajar. Y cómo la única manera de juzgar apropiadamente los resultados es mirar estos elementos a través de lo que denominamos «la visión del Objetivo».

El secreto del libro es que la calidad de la taza de café, la calidad de su experiencia laboral, es el resultado directo de los ingredientes que intervienen en su preparación. *Una taza de café* demuestra a las claras cómo a diario cada uno de nosotros elige cuáles serán los ingredientes, qué proporción de cada uno de ellos usaremos ese día y cómo prepararemos un producto final de primera calidad.

Al mismo tiempo, el libro le pedirá que haga un alto y reflexione sobre cada una de las P y qué papel desempeñan en su trabajo:

Pasión: ¿le apasiona lo que hace? Si no es así, ¿por qué no? ¿Qué podría hacer para descubrir esa pasión y sentirla cada día? ¿Sienten o experimentan otras personas su pasión por el trabajo? ¿Puede mantener la pasión a lo largo del tiempo?

Personas: ¿qué clase de personas trabajan para usted o con usted? ¿Qué tipo de persona es usted? ¿Son idóneos sus clientes? ¿Ha sido usted selectivo a la hora de elegirlos y se ha preparado adecuadamente para servirlos? ¿Ha creado relaciones perdurables con quienes sirve y con quienes trabaja?

Trato Personal: todo el mundo quiere ser un cliente habitual de algún negocio. ¿Trata usted a los clientes como a amigos? ¿Sabe cómo se llaman? ¿Sabe cómo se llaman los miembros de sus familias? ¿Qué les gusta hacer cuando no trabajan? ¿Podría decir lo mismo de sus empleados o compañeros de trabajo? ¿Entabla relaciones positivas con sus clientes y compañeros todos los días? ¿Ha visto que sus esfuerzos dieran como resultado la creación de una comunidad?

Producto: ninguna de las otras tres P puede salvar un mal producto. ¿Presta usted atención a la calidad de lo que hace? ¿A su manera de servir? ¿A su comportamiento? ¿Representa su producto lo que usted es en el mundo? ¿Ha creado un entorno en el que la excelencia del producto pueda mantenerse?

Como cualquier otra historia, *Una taza de café* tiene un comienzo, un nudo y un final. Tiene un antecedente real y un futuro desconocido.

Esperamos que lo que aprenda en este libro le ayude a descubrir cómo crear un éxito prolongado durante años tanto en su trabajo como en su vida y en buenos o malos tiempos.

PASIÓN
Debe tenerla
o debe obtenerla

He medido mi vida con cucharillas de café.
T. S. Eliot, «Canción de amor de J. Alfred Prufrock»

Isla Bainbridge, Winslow, Estado de Washington,
Paso de Puget, enfrente de Seattle
5.55 horas

Jack Hartman se da la vuelta en la cama para apagar el despertador cinco minutos antes de las seis. Durante años ha puesto el despertador como medida de prevención ante la improbable posibilidad de quedarse dormido. La vida es demasiado divertida y demasiado breve como para dormir más de la cuenta. Cuando era auxiliar de vuelo de Continental Airlines, Jack jamás perdió un avión. De hecho, casi siempre era el primero de la tripulación en presentarse para la aventura aérea diaria. Aunque hace mucho que ya no es auxiliar de vuelo, a menudo Jack es el primero en levantarse y el primero en llegar al trabajo.

Sin pensárselo mucho, hace sus abluciones matinales, toma una rápida ducha y se cepilla los dientes. Luego va a la cocina por su taza de café, un ritual cotidiano que todos conocemos, pero que en el caso de Jack Hartman es totalmente diferente. La taza de Hartman no proviene de una marca vulgar de café ni de una cucharada de café al instante con agua calentada en un microondas. La tacita de Jack contiene un *espresso* denso, aromático y de sabor fuerte. Se trata de un poderoso elixir de cafeína, sabor y amor hecho en una inmaculada máquina King Coffee Espresso de acero inoxidable, algo más sencilla que el famoso modelo de La Marzocco que él mismo usa todo el día para satisfacer la sed de cafeína de cientos de clientes en su negocio del centro de Seattle, El Espresso.

Jack Hartman es conocido por mucha gente como el Rey del Café, el responsable de hacer del *espresso* una deliciosa experiencia cotidiana y a cuyo negocio acuden miles de ciudadanos de Seattle cada día en busca de un café excepcional. Como cada mañana de los últimos veinte años, Jack se levanta temprano y carga su Bianchi de diez velocidades con mercancías para ir al trabajo y servir cafés a la gente del centro de Seattle. Y como cada mañana durante los últimos doce años, hace treinta minutos de meditación antes de irse a trabajar.

La meditación es una de las maneras como Jack Hartman ha simplificado su vida; emplea frases sencillas para alejar las preocupaciones mundanas y llevar paz a su ser antes de afrontar un día de trabajo sumamente ajetreado y de tratar con cientos de clientes. Vivir una vida sin complicaciones es uno de sus objetivos.

Esa mañana, Dianne, a las 6.45, da los buenos días a Jack y toma con él un *espresso* antes de irse con unas amigas a una sesión de remo en el Paso de Puget. Dianne Hartman ha sido la socia de Jack en la vida y el negocio durante esos mismos veinte años. Como en un libro de cuentos, Jack y Dianne se conocieron en un avión, en la cocina de un DC-10; eran auxiliares de vuelo y preparaban juntos el café matinal para los pasajeros. La atracción fue mutua e instantánea, como la crema y el café. Tras varios años de volar, decidieron casarse y poner los pies en el suelo cuando en 1980 Jack adquirió una cafetería diminuta llamada El Espresso situada en el centro de Seattle. A Dianne le gusta decir que hace treinta y cinco años que sirve café a la gente: los primeros catorce a diez mil metros de altura y los siguientes veintiuno a diez metros sobre el nivel del mar, en Seattle.

Durante el último año, Dianne puede quedarse en casa o ir a remar con amigas o hacer lo que le plazca porque se jubiló del negocio como socia de Jack tras veinte años de trabajo. Pero aunque se haya jubilado, no puede resistirse a ir a ayudar varias veces a la semana.

Después de que Dianne se ha marchado, Jack empieza a empaquetar las famosas galletas de

chocolate que horneó la noche
anterior. A los parroquianos
les encantan las galletitas y le
manifestarían su desencanto si
ese día no hubieran. A Jack le
gusta decir que ha creado un

monstruo, pero es un monstruo que indica la gran
aceptación que él tiene entre los clientes y lo que
hace. Un monstruo así no es para quejarse.

Jack carga las galletas en el remolque de la bicicleta
y se dispone a recorrer los seis kilómetros, por las
colinas de la isla Bainbridge, que separan su casa del
muelle del ferry.

Por el camino, las curvas y las cuestas arriba y abajo
le hacen pensar en las vueltas de la vida que le han
llevado a una isla bucólica situada en un estrecho
enfrente de Seattle y a ir en bicicleta hasta el
negocio creado por él tanto por necesidad como
por inspiración. Jack Hartman es una de esas
personas que necesitan tener su propio negocio
para poder aprovechar plenamente las pasiones de
su vida: la pasión por el café, por la conversación y
por la creación de un sentido de comunidad. Los
trabajos que satisfacen esas necesidades no existen

en muchos sitios, por tanto, a menudo la gente como Jack tiene que inventárselos.

En 1979, Continental Airlines decidió suspender los vuelos a Seattle. Como consecuencia de la reducción de actividades de la empresa, Jack y Dianne también se vieron obligados a tomar una decisión. Si querían conservar sus trabajos de auxiliares de vuelo debían mudarse a otra ciudad. Y si no querían mudarse, debían encontrar otro medio de ganarse la vida. Fue una decisión difícil porque les encantaba el trabajo que hacían. Pero les gustaba mucho más Seattle que el trabajo. Además, les agradaba más la gente, los pasajeros, que el hecho de volar. Ahora, lo único que tenían que hacer era encontrar un trabajo centrado en la gente que satisficiera sus preferencias.

Mientras desciende la pendiente hacia el muelle del ferry, Jack recuerda su primer intento empresarial después de dejar la aerolínea, un bar flotante llamado Martini Barge en el lago Washington. Junto con algunos amigos, montó el negocio básicamente para tener algo que hacer. Si bien cosechó un modesto éxito, Jack supo que aquello no era lo suyo. Mientras vendía copas a los clientes, descubrió que disfrutaría más con un negocio enteramente propio. Y aunque le encantaba hacer feliz a la gente, sabía que algo no funcionaba. Con el tiempo descubrió de qué se trataba: vendía un producto que no le apasionaba. Supo que necesitaba hacer otro cambio.

Años antes, Jack había frecuentado un sitio pequeño llamado Café Allegro en la zona universitaria y aún recordaba el placer de un café bien hecho y bien servido. Recordó lo revitalizado que se sentía después de cada taza. Su trabajo como auxiliar de vuelo también había girado un poco en torno al café. Por ambas experiencias, sabía que una buena taza de café podía lograr que la gente se sintiera mejor y más dispuesta a afrontar el día. Por tanto, cuando surgió la oportunidad de comprar la cafetería El Espresso, Jack y Dianne recaudaron el capital necesario —5.000 dólares— y se pusieron manos a la obra.

La primera etapa del viaje diario en bicicleta acaba cuando llega al muelle. La excursión de seis kilómetros le ha revitalizado tanto como una buena taza de café; la sangre le irriga el cerebro y las ideas le vienen a la cabeza. Sube la bicicleta con el remolque al ferry, le pone un candado y se dirige a la cubierta superior para disfrutar de la hermosa travesía de treinta minutos del Paso de Puget.

Cuando el ferry zarpa y se empieza a alejar de la isla, el balsámico movimiento del agua contra el casco le hace rememorar su viaje por la vida con El Espresso.

Durante los tres primeros años al frente del negocio, Jack y Dianne se dedicaron a aprender todo lo que había que saber sobre el café. Aplicaron la misma pasión que habían sentido en los vuelos para crear y servir la taza de café perfecta. Muy pronto, cada taza fue hecha con tal pasión que era imposible prepararla mejor. Sin embargo, al poco tiempo descubrieron que por más pasión que pusieran en lo que hacían, si sus clientes no sentían la misma pasión, aquel negocio no duraría mucho. Por lo tanto, en vez de esperar a que los clientes

aprendieran a sentir lo mismo, Jack y Dianne
empezaron a *crearles* esa pasión.

«Para generar pasión en los clientes, hay que
empezar por enseñarla cada día», solía decir Jack. Se
lo decía a sí mismo, a Dianne, a los empleados, a
quienquiera que lo escuchara. Y como le gusta
mucho hablar, probablemente se lo acababa
diciendo a un montón de gente.

«Cuando realmente te apasiona lo que haces, es
bastante normal que los clientes también se
apasionen», había pensado a menudo Jack. Una de
las primeras cosas que hizo para que se apasionaran
fue ofrecerles un café doble al precio de uno
normal. Jack pensó que era una buena manera de
hacer el doble de bueno su café respecto al de
cualquier competidor. Y funcionó, recuerda,
observando que el ferry estaba a medio camino de
Seattle.

~ ~

Durante las maniobras de atraque del ferry, la
silueta de la ciudad de Seattle hace pensar a Jack en
la realidad que pretende ignorar: las cosas no andan

bien en El Espresso. El negocio tiene algunos problemas de liquidez y con los empleados. Estos problemas han empezado a amenazar su pasión.

Además, la economía, en general, atraviesa un mal momento. La mayoría de sus clientes siguen siendo fieles. Pero una de las empresas más grandes de Seattle, una compañía que basa sus negocios en Internet y que tiene sus oficinas en el edificio de al lado de El Espresso, ha trasladado a cientos de empleados, la mayoría de ellos fieles clientes de la cafetería, a un nuevo edificio, situado a varios kilómetros de distancia. Y eso ha tenido un drástico doble efecto en su negocio.

Primero, los ingresos han sufrido un fuerte bajón. Será difícil reemplazar a cientos de clientes que acudían diariamente a la cafetería. Jack está seguro de que teóricamente es posible recuperar el volumen de su cartera de clientes, pero no está tan seguro de tener el tiempo suficiente o el ánimo para hacerlo. En segundo lugar, a sus empleados les preocupa el futuro. (¡Diablos, a él *también* le preocupa el futuro!) Y cuando a los empleados les preocupa el futuro, los clientes lo perciben al poco tiempo. Lo más preocupante es que uno de los empleados, George Guthrie, un personaje clave en el negocio, pues hace ocho años que está con él y los clientes le adoran, empieza a mostrar señales de cansancio. Y eso significa que Jack debe tener una conversación muy franca con él. Y pese a que sabe que eso es lo que tiene que hacer, va a resultar emocionalmente difícil para ambos. Y precisamente ésa no es la parte del trabajo que más le gusta.

Tras una larga conversación con su mejor amiga y socia, Dianne, Jack decide contratar a una consultora de empresa para que le ayude a analizar la situación y a concebir nuevas maneras de afrontar la nueva realidad. Su gran miedo es que la recomendación final sea expandir el negocio para neutralizar la creciente competencia de las cadenas de cafeterías tal como le sugirió un consultor anterior y con resultados desastrosos. Eso es algo que no le interesa en absoluto. Para Jack Hartman, ser más grande no es lo mejor; es sólo ser más grande. Sin embargo, en este momento tiene que pedalear cuesta arriba en Spring Hill y prepararse para lidiar con el nuevo día y con la reunión a las diez de la mañana con quien considera su último recurso, la consultora Carol Wisdom, *y* hacer todo lo posible para vencer el desánimo que le embarga en este día parcialmente soleado de Seattle.

LAS PERSONAS
Uno es conocido por la gente que frecuenta

La taza de café matinal produce una euforia que la influencia
gozosa de la tarde o del crepúsculo no puede reproducir.
Oliver Wendell Holmes, 1891

Muelle 52
Puerto de Seattle
8 horas

Desplazarse por Seattle sería más fácil si no fuera
por las colinas, piensa Jack mientras pedalea
lentamente subiendo Spring Hill en primera. Pero
si no fuera por las colinas, se pregunta, ¿no perdería

Seattle su encanto? Como le sucede a menudo a
Jack Hartman, un acertijo le conduce a otro.
Se le ocurre algo: ¿no sería mucho más fácil llevar
el negocio sin empleados? Pero sin empleados,
¿habría negocio?

Como casi todos los trabajadores mayores de
treinta años, Jack creció en una cultura de trabajo
que fomentaba una relación amor-odio entre
empleados y empresas. Es como el viejo chiste sobre
hombres y mujeres: no se puede vivir con ellas, pero
tampoco sin ellas. En los últimos cien años, la idea
preconcebida de la patronal sobre los trabajadores
decía que éstos eran un mal necesario y que todo
negocio funcionaría sobre ruedas de no ser por los
empleados que lo jorobaban todo con sus malos
humores, sus problemas y sus necesidades. Por
suerte para él, Jack nunca
pensó de ese modo. En
su opinión, los
empleados
representaban el corazón
del negocio. Por esa
razón, la idea que se le
había ocurrido le
perturbó. La variedad de

personalidades de un equipo hace único a cualquier negocio. El Espresso es un vivo ejemplo de la filosofía de Jack.

Jack sabe que de no ser por los empleados, él no estaría hoy donde está. No obstante, últimamente se ha sentido frustrado. Trata de quitarse la idea de la cabeza mientras dirige su Bianchi hacia la cuesta más empinada que le lleva a El Espresso en el centro de Seattle.

La subida de Spring Hill siempre es ardua. A medida que pasan los años, Jack ha empezado a pensar en bajarse de la bicicleta y subir a pie, pero no lo hace. Sigue adelante y conquista la montaña cada día, aunque recientemente parece un poco más escarpada. Bueno, piensa, al menos ya no tiene que abrir la tienda. Hace varios años que lo hace George Guthrie. (Y pone en marcha el negocio estupendamente. Si mantuviera su ritmo matinal el resto del día...)

Además, Jack no precisa estar todo el tiempo en El Espresso. De hecho, no es necesario siquiera que esté ni un rato. Poco a poco, Jack ha cambiado la naturaleza de El Espresso, que de ser un trabajo compartido con Dianne se ha convertido en un negocio. Es un negocio, piensa Jack, debido a los empleados y a que ellos podrían llevar El Espresso sin su presencia. Eso significa que podría venderlo si quisiera. Y si bien por ahora no le interesa hacerlo, es un alivio saber que tiene esa posibilidad. Se solaza pensando en que cuando llegue la hora de cambiar, el negocio continuará: sus empleados no se quedarán sin trabajo ni sus clientes sin su taza diaria de café. Y esa sensación de libertad hace que valgan la pena los esfuerzos y los disgustos que experimenta.

Cuando llega a la cima, se sorprende a sí mismo recordando los numerosos empleados que han trabajado en El Espresso.

Matt McMillian, una persona que difícilmente podría adecuarse a ese trabajo, fue su primer empleado. A Matt, de carácter introvertido, no le gusta mucho la gente, o al menos, eso dice, pero se quedó veinte años con Jack hasta que se *jubiló*. Durante ese tiempo, aprendió los nombres y detalles personales de miles de clientes; clientes que seguían viniendo gracias a Matt. Y al café, por supuesto.

Si bien Matt se jacta de que pasa de la gente, por la forma como lo tratan los clientes podría pensarse todo lo contrario. La semana pasada, Matt se dio una vuelta para saludar, pero estuvo casi todos los veinte minutos de su visita abrazado a clientes tan contentos de verlo de nuevo que le preguntaban una y otra vez si iba a volver. Aunque él dijo que no, Jack pudo ver un brillo en sus ojos que revelaba su añoranza de preparar café y de deleitar a los clientes. Quizá lo estuviera considerando.

Matt era un ejemplo notable de la tesis de Jack de que el trabajo es más que el dinero que te pagan por hacerlo. Si tener un trabajo sólo significa llevar a casa una paga, entonces Jack estaba seguro de que a cualquiera de sus empleados le podría haber ido mejor trabajando en otro sitio. Pero no es así. El trabajo es algo más que dinero. Es disfrutar con lo que se hace. Se trata de que lo que uno hace es una extensión natural de uno mismo y le satisface una necesidad. Por esa razón, Jack siempre ha buscado empleados que primero sintieran la pasión y segundo tuvieran la actitud idónea. Sabía que si tenían la pasión y la predisposición, él entonces podía capacitarlos para que prepararan una excelente taza de café. Matt es un ejemplo.

Maria Falsetto es otro. Jack solía tomarle el pelo diciéndole que su apellido sonaba como si fuera inventado. Pero, y que Dios la bendiga, así se llamaba. Y no tenía nada de falsa. Maria era mágica. Estar con ella era mágico. Aún dice que trabajar en El Espresso fue la experiencia laboral más extraordinaria de su vida. Si es así, Jack está seguro de que Maria hizo que así fuera. Piensa que la gente no sólo refleja su entorno laboral, sino que cada lugar de trabajo es un reflejo de la gente que trabaja allí. Maria suele decir que trabajar en El Espresso es como actuar en un escenario.

—El Espresso es nuestro escenario, nuestro espacio —dice—. Nuestros clientes entran y salen de una actuación continua que es juzgada en todo momento por la gente que se detiene a tomar una taza de café. Y si la actuación es satisfactoria, predecible a la vez que constantemente cambiante, los clientes volverán cada día para participar en una nueva actuación.

A Jack también le gusta animar a sus empleados para que se relacionen con los clientes. Sabe que cuando existe una relación con los clientes, entonces éstos están menos dispuestos a gastarse el dinero en la competencia. Sabe que cuando los empleados conocen el nombre de pila no sólo de los clientes sino también de sus familiares y lo que hacen cuando no trabajan, los clientes desarrollan una relación tan sólida con los empleados, la tienda y el producto que les parece una deslealtad tomarse un café en otra parte. Y no es nada malo para el negocio que los clientes se sientan de ese modo. Nada malo.

Pero pese a todo, el negocio estaba de capa caída, en especial por las mañanas, que tradicionalmente era el turno más atareado de la jornada. ¿El problema era que los empleados no se relacionaban con los clientes? ¿O era que no había suficientes clientes? ¿O ambas cosas a la vez? Jack tenía que averiguarlo.

~ ~

Calle Pine y Cuarta Avenida
Centro de Seattle
8.30 horas

Cuando Jack llega a El Espresso, tiene la sensación de que hoy será un buen día. Hay una cola de diez personas y George está bien despierto y animado. Él y Elizabeth Ortize saludan a los clientes y hablan con los de la cola al tiempo que preparan excelentes cafés con gran destreza y rapidez, lo que es del agrado de los clientes que charlan con nuevos y viejos amigos.

Jack desempaqueta las galletitas y piensa en la suerte de tener unos empleados que pueden llevar el negocio sin preguntarle qué hay que hacer. Mientras se prepara la segunda taza de café del día, piensa en Jim Howse, un cliente que pasó ayer para contarle sus cuitas. Jim hace acto de presencia cada mañana casi a la misma hora con aspecto de agotado antes de dirigirse a su bar de la Tercera Avenida y abrir a las diez. Está allí hasta las ocho de la noche cuando pasa el mando al encargado de noche. Pero siempre regresa a la tres de la mañana después del cierre para asegurarse de que los empleados no le roban o, lo que es peor, beben a su costa.

—Tenemos que vigilarlos de cerca o nos dejarán en cueros, ¿verdad, Jack? —le dice Jim.

Jack se quedó perplejo.
—¿Te levantas y vuelves al bar cada madrugada a contar las botellas y a examinar el nivel del contenido para ver si te están robando? No creo que esa vida valga la pena, Jim. Si fuera yo, y aquí *soy* yo, simplemente no lo haría.

—Entonces, ¿qué *harías*? ¿Dejarías que te esquilmen? Tal vez tú tengas mejores márgenes que yo, pero yo no puedo dejar las cosas al azar si quiero que el negocio no quiebre.

—Cada uno es dueño de hacer lo que le conviene —dijo Jack encogiéndose de hombros—, pero yo contrataría a buena gente y les dejaría trabajar en paz.

—¿Dejarles trabajar? —preguntó Jim sin dar crédito a lo que oía—. ¿Sin ninguna supervisión?

¿Cómo puedes hacer eso? Cada día le doy a la encargada una lista de las cosas que quiero que haga, y cada noche me entrega la lista donde ha marcado todo lo hecho. Lo que queda pendiente lo pongo en la lista del día siguiente. De esa manera, no se me escapa nada.

—Supongo que mi manera de pensar es un poco diferente —dijo Jack—. Yo confío en que la gente haga lo que debe. Y no me quedo preocupado pensando que no hacen nada. Sabes, la confianza es realmente más fuerte que el miedo; yo les digo lo que espero, cuál es nuestra misión, y hablamos de los objetivos de la semana, del mes, del año. Hablamos de la cantidad de dinero que podemos invertir para mejorar las cosas, y luego los dejo a su aire. Y no sólo se ocupan de todo lo que podría incluir en una lista, sino que se les ocurren ideas propias, a veces mejores que las mías, y las ponen en práctica sin preguntarme nada. Me gusta pensar que consideran el negocio como propio y hacen lo que harían si realmente les *perteneciera*.

—Bueno, Jack, acaso seas mejor persona que yo. Simplemente no creo que yo pueda hacerlo. Pero debo decir que tu forma de actuar parece mejor que tener que volver al bar a las tres de la mañana para ver que no me roban. Tendré que pensármelo.

El recuerdo de esta conversación hace pensar a Jack que sabe lo que está haciendo. Pero si eso fuera *realmente* cierto, entonces no tendría que contratar a una consultora, ¿verdad? Y no tendría los problemas que está teniendo con George. Pues bien, primero tendrá que afrontar ese asunto cuando concluya el ajetreo matinal.

Calle Pine y Cuarta Avenida
Centro de Seattle
9.30 horas

Como las colas de El Espresso simplemente se hacían más cortas o más largas, pero nunca desaparecían del todo, resultaba difícil precisar cuáles eran las horas punta del día. Pero para Jack y sus empleados las nueve y media era el comienzo de un rato de calma; tenían media hora antes de que llegaran los trabajadores que se tomaban un respiro a media mañana y bajaban a las calles de Seattle en busca de un café reparador. De modo que ya no podía posponer más la charla con George, pensó. Lo mejor era coger ya mismo el toro por los cuernos.

George está donde siempre está a esa hora del día, apoyado en el mostrador y con una taza de descafeinado en la mano.

—Mucha faena esta mañana, ¿eh, George? —pregunta Jack.

George farfulla en señal de asentimiento y su mirada parece tratar de adivinar alguna secreta verdad en el vapor de la máquina. Por tanto, piensa Jack, George debe haberse dado cuenta de que sé que algo le molesta. «No falla, cuando saben que sé algo siempre me evitan la mirada.»

Va a ser más difícil de lo que se pensaba. Ciertamente más difícil de lo que le habría gustado.

—¿Has visto, George, que la faena de la mañana ya no es lo que era?

—Pues sí.

—Y la recaudación de la mañana también ha bajado.

—Normal.

«Esto va a ser duro», piensa Jack.

—Y parece que algunos clientes habituales ya no vienen más —dice Jack y hace una pausa, para darle tiempo a George a que reaccione y prosiga con la conversación. Sin embargo, no hay ninguna reacción y el silencio se prolonga. Tras unos instantes de incomodidad, Jack continúa—. Me pregunto si no tendríamos que mejorar el servicio al cliente.

—Elizabeth y yo hacemos un buen trabajo. No se trata de nosotros. —George cambia ligeramente la posición de su cuerpo y su rígida postura revela una cierta actitud defensiva.

—Sabes —dice Jack—, cuando estoy de mal humor por algo, me percato de que no trato bien a los clientes. ¿Te ha sucedido a ti alguna vez?

—Creo que el bajón de clientes se debe a que algunas empresas se han trasladado. Con tanta gente que ya no trabaja en la vecindad es normal que los ingresos caigan en picado. —George toma un sorbo de café con los ojos fijos en el vapor.

—Ciertamente eso es parte del asunto, pero nuestros problemas con la pérdida de clientes matinales empezaron antes. Estoy hablando de los habituales que no han sido trasladados. Los estamos perdiendo, y como las empresas se están mudando, debemos esforzarnos aún más por retener a la clientela.

—¡Mira! Si intentas decirme algo, ¿por qué no me lo dices a la cara? Piensas que es culpa mía, ¿verdad?

—Yo no dije eso.

—Ni falta que hace. Se te ve en la cara. Sabes, no es nada fácil tener que lidiar con lo mismo cada día. Tú ya no pasas aquí tanto tiempo, Jack. Creo que te has olvidado de lo difícil que es tener que estar todo el tiempo al pie del cañón, con una sonrisa en la boca y mostrándote simpático te sientas como te sientas, olvidándote del mal día que estás pasando.

—No, no me he olvidado; lo sé. No siempre es tan fácil como nos gustaría.

—¿Podemos hablar de esto más tarde? Necesito ir al lavabo. —George da media vuelta y se aleja con la taza de café aún sin terminar.

Bueno, no salió tan bien como esperaba, piensa Jack. No solucioné nada. Cuando llegue la consultora, le preguntaré cómo resolver esta situación.

EL TRATO PERSONAL
Todo el mundo quiere ser un cliente habitual

El brujo del vudú y todas sus pócimas no eran nada comparados con un espresso, un cappuccino y un café moca que son más poderosos que todas las religiones del mundo combinadas, y tal vez más poderosos que la mismísima alma humana.
Mark Helprin, *Memoria de una caja a prueba de hormigas*

El Espresso
Calle Pine y Cuarta Avenida
Centro de Seattle
9.55 horas

La primera oleada de clientes que vienen para el café de media mañana aún no ha empezado. Jack Hartman aprovecha la oportunidad para preparar un café con leche y llevárselo a una mujer que está sentada en un banco delante de la cafetería. Está allí desde que llegó, hace casi noventa minutos, seguramente esperando a alguien, alguien que a esta hora aún sigue oficialmente desaparecido.

—Tenga —dice Jack pasándole la taza—. Pensé que podría venirle bien mientras espera. Debe de tratarse de alguien muy especial. ¿Cómo se llama?

—Gracias, le agradezco el café con leche. Se llama Jack y estoy empezando a pensar que lo es. Especial, quiero decir.

—¿Se llama Jack? Qué casualidad. Yo también me llamo Jack.

—El Jack que espero es un experto en cafés con

leche, según me han dicho —bromea ella.

—¿Tengo el gusto de conocer a la señora Carol Wisdom?

—La misma.

—¿Qué hace aquí sentada? La esperaba en el local a las diez.

—Pues mire, Jack, cuando tengo la oportunidad, me gusta observar a mis clientes en acción sin hacerles saber que ya he llegado. Me ofrece una especie de punto de partida objetivo para saber de quiénes se trata. En realidad, estoy aquí desde hace...

—Dos días —prorrumpe Jack—. Lo sé. La he visto.

La sorpresa inicial de Carol al verse descubierta le provoca una risita simpática.

—Debí imaginarme que no lo podría engañar.

—Gracias, pero dígame. ¿Qué ha visto hasta ahora? ¿Tiene las respuestas que necesito para arreglar las cosas?

—Debo decirle que hasta ahora ha sido una experiencia muy interesante, Jack. He aprendido mucho, pero no tanto como probablemente aprenderé ahora que finalmente podemos hablar. Y sí, estoy segura de que las cosas se pueden arreglar. Ciertamente, le asombrará todo lo que he averiguado.

—Mientras sea una buena sorpresa. ¿Por dónde empezamos?

—A mí siempre me gusta empezar haciendo preguntas. ¿Está dispuesto a un interrogatorio matinal o necesita ocuparse del negocio?

—Estoy listo. No necesito hacer nada más. George y Elizabeth tienen todo bajo control al menos durante los próximos cuarenta y cinco minutos.

—¿Era George con quien hablaba usted antes? ¿Cómo fue la conversación?

Jack mira a Carol con el rabillo del ojo.

—Fue bien, aunque no exactamente como yo esperaba, pero ya me ocuparé de eso más tarde. ¿Qué quiere saber?

—Por lo que recuerdo de la información que me envió, su clientela ha bajado significativamente, en gran parte debido al traslado de una empresa que tenía sus oficinas aquí al lado. Usted no está seguro de poder continuar si no aumenta el volumen de explotación y no sabe por dónde empezar. ¿Es esa una evaluación correcta de su problema?

—Sí. Súmele unas cuantas dificultades con el personal y mi propio malestar, y creo que estamos bien encaminados.

—Usted ya está mejor encaminado de lo que supone, Jack. Hace dos días que observo a su clientela y he visto que muchos repiten, gente que viene aquí dos o tres veces al día, incluso más.

—Sí, tenemos algunos clientes muy fieles, supongo.

—Así es. Y eso está directamente relacionado con lo que diré a continuación, y lamento informarle que le sonará a primer curso de estudios empresariales. Pero ayuda a explicar lo que sucede en El Espresso.

—¿A primer curso, eh? Adelante. Supongo que puedo volver a la escuela por unos *pocos* minutos.

—Gracias. En mi trabajo me ocupo de empresas de todos los tamaños y en cualquier parte del mundo y lo que se ve en los últimos tiempos es una pérdida clara y decisiva de fidelidad. Tanto por parte de los clientes como de los empleados —dijo Carol—. ¿Ha oído hablar de «redimensionamiento de la empresa», «recortes de plantilla» y de «apretarse el cinturón»?

Jack asiente con la cabeza.

—Pues bien, así se describieron en la década de 1980 y 1990 los despidos de personal. Como puede suponer, una de las consecuencias fue la pérdida de lealtad de los empleados.

»Nuestros abuelos y nuestros padres pudieron jubilarse en la misma compañía donde habían conseguido su primer trabajo. Pudieron trabajar treinta, cuarenta y hasta cincuenta años en la misma organización y asegurarse la nómina, un grupo de compañeros de trabajo y una pensión al jubilarse. Y casi todos ellos fueron fanáticamente leales a la compañía que hacía posible todo eso.

»Lo que *no* tuvieron en cuenta las empresas que llevaron a cabo las reducciones de personal fue la relación directa entre lealtad del empleado y fidelidad del cliente. Las compañías  sabían que sufrirían alguna represalia por parte de los empleados despedidos, pero lo que *no* anticiparon fue que de la pérdida de lealtad de los empleados se contagiaría a los clientes. Resulta que los clientes son fieles cuando lo son los empleados; pero cuando la lealtad de éstos desaparece, lo mismo sucede con la de los clientes. Cuando los empleados son leales, se comportan desinteresadamente; es decir, primero piensan en lo que le conviene a la empresa y no a ellos. Cuando los empleados *pierden* esa lealtad, les resulta difícil actuar desinteresadamente con los clientes. A medida que los trabajadores se distancian de la empresa, se ponen en contra de la misma. Y dan muestras de ese antagonismo en el modo que actúan con los clientes y en el modo que hablan de la empresa con los clientes.

Jack vuelve a asentir con la cabeza, pensativo.

—Perdóneme por la parrafada académica, Jack, pero lo que he observado en El Espresso en los últimos dos días tiene más que ver con los Estados Unidos de los años cincuenta que con los de la primera década del nuevo milenio.

—¿Y eso es bueno?

—¡Oh, sí, Jack, es fantástico! Por lo que podido ver y por lo lo que me han contado sus clientes...

—¿Ha hablado con mis clientes?

—Por supuesto. Ya he hablado con más de treinta.

—Veo que se me escapan más cosas que antes —dijo Jack esbozando una sonrisa.

—No se eche la culpa —dijo riéndose Carol—. Estaba ocupado con el negocio. De cualquier modo, he constatado que la principal característica de sus clientes es la fidelidad a El Espresso. Y no sólo al café sino a *usted*. Usted les cae tan bien que le seguirían si cambiara de sitio. Estoy bastante segura de que usted es consciente de lo que le digo, pero sólo para ayudarle a comprender mejor su negocio, me gustaría que me contase por qué cree que sus clientes le son tan leales. ¿Por qué cree que optan por esperar haciendo cola, a veces bajo la lluvia, para tomar una taza de café que podrían tomar en las grandes cafeterías de enfrente o de la vuelta de la esquina sentados en el interior, más cómodos y sin mojarse?

—No es algo que yo haya planeado, Carol. Simplemente lo hacen.

—Pienso que hay algo más que eso. Explíquemelo lo mejor que pueda.

—Pues mire, desde que empecé a servir café a nueve mil metros de altura supe que mi comportamiento afectaba al de los pasajeros. Si yo tenía un mal día y se me notaba, me devolvían lo que yo les daba. Si actuaba con actitud distante, ellos me trataban de la misma manera. Si estaba cansado o molesto por algo que había sucedido, de repente todos los pasajeros también se mostraban malhumorados. Ahora trato de no distanciarme de los clientes. Intento tener un trato personal.

—¿Qué quiere decir?

—Para mí, Carol, es bastante simple. Trato a los clientes como si fueran amigos. Siempre pienso que es como en la serie *Cheers* de televisión. En el fondo, a todo el mundo le gusta ser cliente habitual de algún sitio. ¿Recuerda el tema de la canción que decía algo así como «un lugar donde todo el mundo sabe cómo te llamas»? Pues bien, una cosa que siempre he hecho ha sido memorizar los nombres de mis clientes e inculco a mis empleados que eso es el detalle clave que nos distingue de la competencia. Es sorprendente lo que se logra con sólo saber los nombres.

—Por tanto, para usted tener un trato personal con sus clientes pasa por aprender los nombres, pero seguro que hace algo más.

—Por supuesto, memorizo lo que piden para que no tengan que volver a pedirlo. Ni siquiera tienen que decir «lo de siempre». Nosotros ya sabemos lo que les gusta y se lo tenemos preparado para cuando les llega el turno. Pero también insistimos en saber algo más de ellos; por ejemplo, cómo se ganan la vida, qué les gusta hacer cuando no trabajan, cuántos son en la familia. Cosas así.

—Por tanto, ¿usted trata de crear una relación más sólida averiguando cómo son?

—No pienso en esos términos, pero sí, supongo que sí.

—¿Cómo *refuerza* la relación?

—De muchas maneras —contesta Jack—. Como nos gusta que el trabajo sea divertido, trato de hacer cosas que involucren a los clientes. De tanto en tanto, escribo una pregunta en la pizarra que se ve allí y les pido a los clientes que respondan. Ahora bien, no todo el mundo es lo que llamo un tipo enrollado, por tanto yo respeto las ganas de participar o no y no obligo a nadie. Pero se asombraría de cuánta gente se toma en serio la invitación. ¿Recuerda el programa de Art Linkletter *Los niños dicen las cosas más locas*? Aquí lo llamamos «Los clientes de El Espresso dicen las cosas más locas». Una vez que la gente se siente cómoda hablando, te cuenta sus cosas. Y cuando vuelvo a verlos, trato de enlazar con la conversación del día anterior o de cuándo haya sido.

»Lo sorprendente es que cuando se tiene esta relación personal con los clientes, el día pasa más rápidamente. Cuando usted recibe amigos en su casa, hace cosas especiales para ellos, ¿verdad? Pues bien, pasa lo mismo cuando los clientes son amigos. Uno piensa en lo que les gusta y los trata de forma especial. ¿Y sabe qué? Ellos también te tratan de forma especial.

—¿Y eso les predispone a hacer cola bajo la lluvia para tomar una taza de café?

—Supongo que sí porque es lo que hacen —contesta Jack—. Acabo de acordarme que cuando estaba en la universidad, trabajé en un parque temático y todos mis compañeros tildaban de «animales» a los clientes. Decían cosas como «¿Hay muchos animales hoy?» Imagínese. Para ellos, la gente era como ganado. Si mis empleados o yo hiciéramos algo así, yo no podría llegar al final del día pensando en la cantidad de tazas de café que aún debo preparar antes de irme a casa o en lo que tengo que hacer para los cientos de animales que hacen cola, todos pidiendo con mugidos y bramidos. ¡Qué zoológico sería esto!

—El trato personal es una gran estrategia, Jack. Ojalá más negocios hicieran cosas por el estilo.

—En realidad, nunca pensé en elllo como en una estrategia, Carol. Simplemente me pareció que era lo que tenía que hacer. Una vez que vi a personas y no a ganado, una vez que los saludaba por su nombre, una vez que averiguaba algo de ellos, los empecé a considerar amigos, miembros de mi familia. Y sabe, me di cuenta de que me importaban y que yo les importaba.

—¿Cómo consigue que sus empleados traten de la misma manera a los clientes?

—No les doy ningún cursillo ni ningún manual de instrucciones —contesta Jack—. Supongo que se da naturalmente. Para empezar, contrato gente que tiene una pasión, una pasión por la vida, por el café, por la gente. Luego les enseño a preparar café. Sospecho que mientras aprenden a preparar una buena taza de café, también captan lo del trato personal.

—Creo que hay algo más, Jack. Cuando profundizan en la relación y sus clientes y ustedes se conocen mejor, lo que usted en realidad está haciendo es desarrollar una comunidad de clientes, un grupo de gente al que no sólo une una taza de café, que es la principal razón por la que vienen aquí. Sabemos, por ejemplo, que cuantas más conexiones existen entre los clientes y los empleados, mayor es el vínculo y la lealtad y el éxito económico de la organización. Cuando existe una comunidad a la que pertenecen los clientes, ellos son leales entre sí y con la organización. Y cuando en el trasfondo de la comunidad hay un negocio, como es su caso, ese negocio recibe los beneficios de la lealtad que siente la gente a la comunidad en su conjunto.

—¡Si usted lo dice! No tenía ni idea de que estuviéramos creando una comunidad. Al menos, nunca pensé en esos términos. Me pareció que era lo que debía hacer y lo hice. Pero ¿sabe una cosa? Usted tiene razón con eso de la comunidad. Hasta tuvimos una pareja que se conoció haciendo cola y terminaron casándose. Ése es nuestro tipo de comunidad. Y sabe, probablemente eso explique que la gente camine cuatro o cinco manzanas, pase delante de diez o más cafeterías que pertenecen a grandes cadenas y venga a tomar su café con nosotros. Es curioso, nunca había pensado en ello de esta manera hasta que usted habló de comunidad. ¿Recuerda cuando se celebró aquí en 1999 la reunión de la Organización Mundial del Comercio y hubo aquellos desórdenes en las calles? En la cola teníamos alborotadores, policías y clientes, sin embargo el caos parecía flotar a nuestro alrededor sin llegar a nosotros. Como si esto fuese un oasis oficialmente reconocido y respetado en medio de aquel caos, una comunidad sensata en un mundo que se había vuelto loco. De no haber estado aquí, creo que no habría dado crédito a lo que pasó.

—Bueno, Jack, aunque yo no estuve presente, me lo creo. Cuando se consigue tener un trato personal con los clientes, todo el mundo sale beneficiado.

—Hablando de clientes, ¿qué le *contaron*?

—Casi todos se deshicieron en elogios y otros me contaron historias muy buenas.

—Casi todos, pero no todos ¿Qué tenían que decirle? ¿De qué cosas hablaron?

—Grabé las conversaciones. ¿Le gustaría escuchar algunas?

—Como decían en la televisión cuando yo era niño: «Adelante, Lester».

Calle Pine y Cuarta Avenida
Centro de Seattle
10.45 horas

—Mientras escucha la grabación, quiero que identifique los temas comunes en lo que dicen. Lo que cuando trazamos un plan para mejorar un negocio son ideas que funcionen para poder luego implementarlas. Luego queremos identificar lo que no funcionó para poder modificarlo. Creo que usted conoce a la primera clienta de esta cinta. Se llama Sally Norton.

—Sally, la del capuchino poco cargado. ¡Ella es la que le conté que se casó!

—Ahora, preste atención.

Carol rebobina la casete hasta un número que tiene anotado en su libreta y aprieta «play». Se oye la voz de Sally Norton, una ejecutiva que tabaja en un banco de Seattle, y como telón de fondo, los sonidos típicos del centro de la ciudad.

«Me hice clienta de El Espresso en 1982. Había probado ese horrible café instantáneo internacional que preparaba mi madre y, francamente, no podía entender por qué tanta gente tomaba aquello. Un día uno de mis colegas me llevó un capuchino de aquí y quedé enganchada. Hace veinte años que soy una cliente habitual. Los he seguido a seis direcciones diferentes, pero lo más importante que hizo El Espresso para mí fue conseguirme un marido.»

«¿Le consiguió un marido?», pregunta Carol.

«Así es —continúa Sally—. En mayo de 1992 y durante varias semanas, yo veía a un hombre atractivo que siempre pedía un *ristretto* al mismo tiempo que a mí me servían un capuchino con poca crema. Con el tiempo, nos encontramos haciendo cola juntos. Empezamos a hablar, me preguntaba cosas y pronto concertamos una cita. Para hacerle corta la historia, nos casamos, y Dave y yo siempre celebramos el aniversario aquí con Jack y los demás. A veces no sé qué hubiera sido de mi vida de no ser por El Espresso. Mientras siga abierto y funcionando, yo seré clienta.»

Carol detiene la grabación, verifica los datos en la libreta y avanza la cinta.

—Me parece, Jack, que ya tiene una clienta para toda la vida.

—Cada vez que Sally conoce a alguien en la cola, le cuenta la historia. Le suelo tomar el pelo diciéndole que ya ha hecho el numerito más veces que un éxito de Broadway como *A Chorus Line*.

—El siguiente es David Nedleman, un abogado especialista en bolsa.

—Con leche y vainilla —dice automáticamente Jack.

«Vivo a dos manzanas de aquí —dice el hombre con voz de barítono y de locutor de radio—. Soy vecino de El Espresso. Esta noche tengo una reunión de la comunidad de propietarios de mi finca y tengo que llevar galletitas de chocolate de Jack. Me matarían si no lo hiciera.

Cuando a veces entro en alguna cafetería de una cadena, siempre tengo que prestar atención a lo que me sirven, porque la mayoría de las veces se equivocan. Eso nunca sucede aquí. No sólo saben lo que me gusta, sino que cuando llega mi turno ya está servido y sólo tengo que pagar. Me gusta tratar con gente que se toma en serio lo que hace.»

«Casi todos usan la palabra "divertido" cuando se refieren a El Espresso, pero usted ha utilizado el término "serio" —interviene Carol—. ¿Qué quiere decir con eso?»

«Quiero decir que prestan atención al detalle. Ésa es la esencia de la profesionalidad. En mi trabajo, tengo que ser profesional todo el tiempo, de modo que me he acostumbrado a esperar ese comportamiento de todo el mundo. Y no me malinterprete. Aquí esta gente se divierte. Si no lo hicieran, sería otra clase de establecimiento. Por tanto, creo que lo que realmente quiero decir es que son serios divirtiéndose. Y que su objetivo es hacer las cosas bien.»

—Sabe una cosa —dice Jack mientras Carol busca la siguiente entrevista—, Dave hablaba de que le teníamos su pedido listo. Tratamos de anticiparnos y lo hacemos con todo el mundo, pero tengo que admitir, Carol, que me preocupa parecer presuntuoso. ¿Y si alguien quiere algo diferente un día y ya le hemos preparado lo de siempre?

—Muy bien, Jack, conteste usted mismo esa pregunta. Si eso sucediera, ¿qué haría?

—Le prepararía lo que quiere y le daría lo ya preparado a alguien que pasara o a algún mendigo.

—Me imaginé que haría algo por el estilo —dice Carol—. Seguro que reconocerá la voz de Mary Sue Springer.

—Moca sin crema en vaso grande. Mary Sue es una de los mejores agentes inmobiliarias de la ciudad.

«Es mi primera parada del día —dice la voz de Mary Sue—, y me pone a tono para el resto de la jornada. Vivo en las afueras; por eso los fines de semana tengo que tomar café en una cafetería que forma parte de una cadena. Me parece muy impersonal y a menudo no me dan lo que pido. Esos chicos que trabajan allí no prestan atención a lo que se les dice. Se comportan como si no vieran el momento de acabar la jornada cuando a lo mejor sólo son las nueve de la mañana. Cuando vengo a El Espresso, siempre saben lo que quiero y se esmeran en lo que hacen. Mi moca es exactamente como a mí me gusta. Ojalá abrieran un negocio así en mi barrio.»

—Lo lamento. Lo intenté una vez y nunca más lo volveré a hacer —dice Jack como si hablara con Mary Sue, que ahora habla de fidelidad y de pasión.

«Lo que sucede cuando una compañía empieza con un buen producto y tiene éxito es que luego se concentra en los beneficios y se olvida del producto y del servicio. Gracias a Dios eso no ha sucedido aquí. Todo sigue siendo tan bueno como siempre. Yo lo atribuyo a la pasión que siente Jack por el café. Sé perfectamente que yo debo apasionarme por la venta de viviendas y respetar el estilo de vida de la gente; de otra manera, no puedo triunfar. Aquí pasa lo mismo. Desde luego que el café de El Espresso es el mejor, pero si no les apasionase seguir haciendo bien las cosas y haciendo felices a sus clientes, a mí me hacen feliz, ya no existiría como negocio. La vida es demasiado corta para gastar dinero en  empresas que no se interesan en absoluto por una.»

«¿Es usted fiel a Jack o a El Espresso? —pregunta Carol—. En otras palabras, ¿cree que la pasión que sintió Jack fue el motor que puso todo esto en movimiento?»

«Soy fiel a ambos. Por supuesto, gran parte de la pasión proviene de Jack y también de su esposa, Dianne, cuando ella estaba aquí. Pero esa pasión ha impregnado todo el negocio. Eso se puede ver en la devoción con que los empleados tratan a los clientes. Para ellos, lo primero son los clientes y el servicio siempre es el rey. Aquí me siento en casa.»

—Ahora tenemos a Melissa Crosby —anuncia Carol a Jack.

—Con leche y chocolate caliente para su hija Katie.

«Para mí, la razón por la que vengo es que todo es como a mí me gusta —dice Melissa—. El café con leche es perfecto y sé cómo se llaman todos los que están del otro lado del mostrador. Hasta sé el nombre de muchos que hacen cola conmigo. Me gusta que sepan cómo me llamo y lo que me apetece. Me hace sentir parte del lugar. Si no empiezo el día en El Espresso, me parece un mal comienzo.»

—No sé si ella se lo contó —dice Jack—, pero Melissa importa antigüedades chinas y ella y su familia pasaron varios años en Hong Kong. Dice que la afición al buen café empezó aquí, en Seattle, y que luego se difundió por el mundo. Y afirma que todo empezó en El Espresso.

—¿Y eso cómo le hace sentir? —pregunta Carol.

—Si fuera verdad, estaría bastante impresionado.

—¿Y si no lo fuera?

—En ese caso, la solución es trabajar más.

—Para serle honesta, hay quienes opinan que en algunos detalles podrían mejorar con ese esfuerzo extra. Por suerte para usted, la próxima entrevista no es representativa de la mayoría de sus clientes, pero pone de manifiesto algunos problemas de los que usted es consciente. Se trata de David Green.

—Lo siento, no lo conozco.

Carol pone en funcionamiento la grabadora y se dispone a observar las reacciones de Jack.

«Me gusta mucho el café; por esa razón vuelvo aquí aunque el servicio deje que desear.»

«¿Y cuánto hace que usted viene por aquí?», pregunta Carol.

«Acabo de empezar como guardia de seguridad en el edificio de al lado. Hace unos cuatro meses. Por lo general vengo por la mañana. Nunca se sabe

cuánta cola habrá. A veces la
persona que me prepara el café
parece estar en la luna. A veces se
equivoca y no me da lo que le he
pedido.»

«Pero sigue viniendo», dice Carol.

«Sí, me queda cerca y el café es
bueno. Pero van a abrir otro sitio a una manzana de
mi edificio, y cuando lo hagan, lo probaré. Me gusta
el café de aquí, pero no es la única cafetería que
existe.»

Carol detiene la grabadora y hace a un lado la
libreta.

—Debo señalar que otros también dijeron que
hay mal servicio por las mañanas.

Jack suspira.

—Creo que ya lo sabía.

Carol mira El Espresso y luego a Jack.

—Recuerde que cuando escucha las grabaciones, lo más importante es oír lo que ha hecho bien y hacer planes para continuar en esa dirección. Luego tome nota de lo que no ha hecho bien y haga planes para mejorarlo. Si sólo se centra en lo negativo, se hará un flaco favor a sí mismo y a sus empleados.

Jack se frota las rodillas y se pone de pie.

—Pues bien, ya tengo en qué pensar. Ahora que hemos oído las grabaciones, ¿la puedo invitar a un café con leche doble?

Carol sonríe.

—Me gustaría, Jack. Me gustaría mucho.

EL PRODUCTO
La gente no paga para que le den un café malo

El consumo del café probablemente se extenderá por todas partes. Como en otros países, se difundirá entre las masas y se convertirá en un ingrediente importante de su sustento cotidiano.

Benjamin Moseley, 1785

El Espresso
Calle Pine y Cuarta Avenida
Centro de Seattle
Mediodía

—¿Sabe de qué me gustaría hablar ahora? —pregunta Carol con un resto de café con leche doble aún humeando en sus manos.

—¿De qué? —contesta Jack.

—Del café. Del producto que usted vende.

—Ha venido al sitio adecuado para eso. Dicen que algunos ignoran lo que es un grano de café, pero yo lo conozco de pe a pa. Puedo hablar de café durante horas, si usted quiere.

—Le escucho encantada —dice Carol—. Si no le importa, grabaré lo que dice para mis notas.

—No me importa en absoluto. Café. ¿Por dónde empiezo?

—¿Qué le parece si contesta a mi pregunta? ¿Sigue usando la misma clase de café que cuando empezó?

—Una buena pregunta. Creo que nadie me ha hecho esa pregunta hasta hoy, pero la respuesta es no. Cuando Dianne y yo compramos El Espresso, adquirimos todo el equipamiento y conservamos el proveedor, pero a medida que íbamos aprendiendo y descubriendo los diversos matices de la preparación de una buena taza de café, nos empezamos a sentir lo bastante seguros como para hacer cambios. Nada de cambiar por cambiar, sino cambios que creíamos que mejorarían la mezcla del producto y, en última instancia, el negocio. Por tanto, lo primero que hicimos fue estudiar el mismo café. Yo leía todo lo que me llegaba a las manos y luego le pedí al proveedor que nos diera muestras de diferentes clases de café. Y experimentamos. Probamos distintos tiempos de torrefacción, a diferentes temperaturas, lo molíamos de modo distinto. Primero lo probamos nosotros, luego se lo dimos a probar a amigos amantes del buen café y finalmente a algunos de los mejores clientes. Sólo entonces introdujimos el nuevo café hecho con nuevos granos en la mezcla. De ese modo, no hicimos un cambio drástico sin pruebas previas, como hizo Coca-Cola cuando intentó reemplazar su bebida clásica con un producto nuevo.

—Lo recuerdo. Coca-Cola trató de superar a Pepsi cambiando el producto para que tuviera un sabor más parecido al de Pepsi porque un estudio sobre la juventud estadounidense le dijo que ése era el camino.

—Sí, pero se olvidaron de preguntarle a usted y a mí lo que preferíamos. De cualquier modo, Dianne y yo no quisimos que nos pasara algo por el estilo. Buscamos los modos de introducir cambios y tener productos menos llamativos, pero que pudieran crear afición y publicidad boca a boca. Así nació nuestro café con leche con grano más tostado. Es una de las bebidas por las que hoy somos conocidos —dice Jack mostrándose orgulloso.

—¿Lograron conseguir una mejor calidad de café?

—Por el modo en que conseguimos aumentar las ventas y conservar una cifra base de clientes, yo diría que sí. Pero no nos resultó nada fácil. Tardamos un tiempo en encontrar los mejores granos para cada clase de bebida y en aprender a tostarlos y molerlos del modo adecuado. Pero eso no fue lo único que debimos corregir. Tuvimos que aprender a preparar la taza perfecta. Eso significa la cantidad idónea de mezcla con la cantidad indicada de agua a la temperatura adecuada para producir el café de mejor sabor y aroma. En ese momento, decidimos que la taza perfecta de El Espresso sería siempre doble. De ese modo, nuestro café siempre sería el doble de mejor que el de la competencia.

»Lo más interesante para mí es que lo más difícil no fue encontrar el modo de hacer *correctamente* estas cosas.

—¿Ah, no? —pregunta obviamente asombrada Carol—. ¿Y qué fue lo más difícil?

—Mantener el nivel. Ser coherente. De modo que cuando alguien viene a El Espresso, sea quien sea el que prepara el café, Elizabeth o yo, esa persona tendrá el café que había esperado tomar. Exactamente el mismo café que recuerda haber tomado aquí. Exactamente la misma experiencia que le empuja a volver taza tras taza, día tras día, año tras año.

—Por tanto, si le entiendo correctamente, tener el producto idóneo es fruto de una combinación de los granos apropiados, de la preparación correcta y de que sus empleados hagan siempre del mismo modo los diferentes combinados de café.

—No sólo eso —añade rápidamente el propietario de El Espresso—. Se ha de contar con el tipo idóneo de empleados, el ambiente adecuado, el precio justo, la mezcla correcta del producto y la ubicación conveniente.

—En su caso, las ubicaciones convenientes, *en plural*. ¿Cuántas veces se ha mudado? ¿Seis? Y sus clientes le han seguido cada vez. ¿El producto adecuado? ¿O la excelencia del servicio? ¿O los empleados idóneos?

—Todo ello. Estoy convencido de que un mal producto destroza un buen servicio y que un producto mediocre ahuyenta a los buenos clientes. Y ni siquiera un servicio superlativo puede contrarrestar un mal producto. Si no ofrece una buena taza de café, no le pagarán el precio que usted pretende.

—Lo contrario también es verdad. Un mal servicio puede ahuyentar a los clientes pese a tener un buen producto.

—Totalmente de acuerdo —dice Jack—. No hay duda de que nuestro éxito es el resultado de la combinación de varios elementos. Sé con seguridad que si no preparáramos un excelente café, algunos hasta dicen que es el mejor de Seattle, hace mucho tiempo que tendríamos que haber cerrado el negocio. Con todas las buenas cafeterías que hay en la ciudad, habríamos perdido la clientela de haber servido una sola taza de café malo. Por eso, me aseguro de que tenemos un estándar y que todos lo respetan. Cuando sube el precio del café que consumimos, por ejemplo, no recurro a café más barato para mantener el precio de venta al público. O aguanto el tirón o, si se trata de un fuerte aumento, lo repercuto en los clientes. Pero, por supuesto, ponemos toda clase de letreros explicando el aumento. ¿Y sabe qué pasa? A los clientes no les importa pagar un poco más si la calidad se mantiene, y yo les explico *a qué se debe* ese aumento.

—Lo que usted está diciendo es exactamente lo mismo que les digo a mis clientes —dice Carol.

—¿Les cuenta cómo comprar café en grano?

—No, Jack, lo que quiero decir es que les digo que si quieren alcanzar el éxito en los negocios, lo primero que tienen que hacer es conseguir todo lo esencial. Y lo esencial, en su caso, empieza por el café. Cuando usted comenzó, sentía una pasión por el café. Hoy aún siente esa pasión que ahora incluye la de prepararlo de la mejor manera posible.

—No lo había pensado en esos términos, pero usted tiene toda la razón del mundo.

—Sus clientes le han sido fieles porque usted nunca ha bajado la calidad —continúa Carol—. Y, además, ha hecho todo esto divirtiéndose, lo que a su vez creó una sensación de comunidad. Y la comunidad crea y mantiene la fidelidad. Por tanto, está claro que la relación que los clientes tienen con El Espresso fortalece su opinión acerca de la calidad del producto. Es un ciclo de fortalecimiento: mientras a ellos les guste venir aquí, mientras el producto mantenga un alto nivel, crecen sus sentimientos hacia El Espresso hasta que empiezan a adquirir proporciones míticas. En su opinión, sencillamente no hay otro café que se compare con el suyo. Pero tan pronto baje la calidad y no sea tan divertido venir aquí, empezará a menguar su clientela, que irá a otros sitios a buscar el café mítico que no puede conseguir aquí.

—Eso es verdad. Dianne y yo hemos tenido varios restaurantes favoritos a los que ya no vamos porque cambiaron algo, el chef, los proveedores, algo que hace que la comida no tenga el mismo sabor. Y eso no es bueno. Con el tiempo, dejamos de ir. A veces ni siquiera se trató de una decisión consciente; simplemente dejamos de ir —dice Jack un poco perdido en sus propios recuerdos.

—Por esa razón, cuando se permite que baje la calidad del producto, las compañías pierden negocio. Durante años, los anuncios publicitarios de Ford han usado como caballito

de batalla el lema de «La calidad es la responsabilidad número uno» para reafirmar su concepto único del marketing. La realidad es que *todos* deberíamos pensar de ese modo acerca de la calidad. En los nuevos entornos laborales actuales, el control de calidad ya no es responsabilidad de una persona o de un departamento. Ya no es responsabilidad del director del control de calidad, es responsabilidad de todos. Los estudios demuestran que los negocios de mayor éxito son aquellos en los que los empleados se consideran responsables de la propiedad y la calidad del producto y no sólo de su trabajo individual.

—Todo gira en torno al producto, ¿verdad? —pregunta Jack.

—Sí y no. Pocas cosas en la vida pueden existir independientemente, y parece ser que los conceptos más exitosos, las personas y los negocios que triunfan son interdependientes. Es decir, están relacionados de alguna manera, por lo que un cambio en un área genera cambios en otras áreas. En el caso del producto, se da una interesante correlación entre la calidad y la lealtad de los empleados; y como usted sabe de nuestra anterior conversación, también de ese modo se manifiesta la fidelidad del cliente. Los estudios han demostrado que a medida que aumenta la calidad del producto, también lo hace la fidelidad de los empleados. Quienes se enorgullecen del producto que fabrican o del servicio que prestan, van contentos al trabajo. Esperan con ilusión el nuevo día. Y como todos sabemos, cuando a uno le entusiasma lo que hace, trabaja mejor. Y el mejor trabajo da resultados de mayor calidad. En consecuencia, el ciclo es el siguiente: un producto de alta calidad genera una alta fidelidad del empleado, lo que se convierte en mayor entusiasmo, que a su vez genera trabajo de mayor calidad, lo que a su vez acaba produciendo un producto de mayor calidad.

—¿Más del primer curso de empresariales? —pregunta sonriendo Jack.

—Pues sí —dice Carol devolviendo la sonrisa—. Y éstos son los beneficios. El mensaje a los empresarios es que se apasionen con la calidad, que la celebren con hechos y palabras; entonces, sus empleados se

apasionarán con el trabajo. Y el mensaje a los empleados es que se enorgullezcan de su trabajo y de lo que producen porque entonces el entorno laboral será mucho mejor.

—Vaya, vaya. Y todo esto a partir de una simple taza de café. ¿Quién lo diría? —dice Jack un tanto sorprendido.

—Ciertamente, ¿quién? —replica Carol acabando el último sorbo de su café con leche.

LA VISIÓN DEL OBJETIVO
Si no sabe adónde va, no sabrá cuándo ha llegado

El café: negro como el infierno, fuerte como la muerte, dulce como el amor.

Proverbio turco

El Espresso
Calle Pine y Cuarta Avenida
13.30 horas

Ha pasado la hora del almuerzo. Jack ayuda a George y Elizabeth a ordenar las cosas mientras él y Carol esperan la llegada de la esposa de Jack. En teoría, Dianne viene a dejar suministros para El

Espresso, pero la verdad es que ha querido venir para asegurarse de que Carol Wisdom escucha todas las versiones de la historia.

Dianne recela de una consultora empresarial porque piensa que recomendará abrir más locales para aumentar los ingresos y la liquidez del negocio. Cuando llega con una carretilla cargada de cajas, se le nota preocupada, un hecho al que Carol reacciona aún antes de que Dianne pueda pronunciar palabra.

—Hola, Dianne, soy Carol Wisdom. Jack se ocupará de los suministros para que usted y yo podamos hablar sin interrupciones.

—Muy bien. Gracias, Jack. Déjeme preparar un par de cafés con leche y luego hablamos. He soñado con ello todo el día.

—En realidad, me gustaría probar un chocolate, si no le importa —dice Carol—. He oído decir que también es fantástico.

—Muy bien. Se ve que usted no es de la meca norteamericana del café. No está acostumbrada a toda la cafeína que consumimos —dice Dianne riéndose.

Una vez preparadas las bebidas, las dos mujeres se dirigieron a uno de los bancos de cemento donde los mensajeros ciclistas del centro de Seattle se reúnen cada mañana, y empezaron a hablar.

—Deduzco por algunas cosas que me contó Jack que a usted le causa cierta aprensión mi presencia aquí. ¿Hay algo que yo pueda hacer para que se sienta mejor y colaboremos juntas? Sé que usted tuvo un papel de crucial importancia en este negocio y su opinión es vital para mí.

—Gracias, Carol, supongo que aprensión es la palabra adecuada. No estaba segura de cuáles serían sus recomendaciones.

—Siempre y cuando no incluyan una expansión del negocio, usted me escuchará, ¿verdad?

—Por tanto, lo sabe —responde Dianne con expresión de alivio en el rostro.

—Sé que en 1991 intentaron una expansión y tuvieron malos resultados. ¿Por qué no me cuenta los detalles?

—Muy bien. No sé lo que recuerda de 1991, pero el país sufrió una recesión a pequeña escala que no se notó en El Espresso ya que nuestras ventas fueron sustancialmente más altas que las de 1990. Starbucks, que era una empresa dedicada a la torrefacción y que vendía café en el mercado municipal, se convirtió en una serie de pequeñas cafeterías que vendían café para llevar. Hacía más de diez años que estábamos en el negocio y nuestros clientes temieron que la competencia de Starbucks acabaría con nosotros. En realidad, pienso que nos benefició.

—¿De veras? ¿Y cómo? —preguntó Carol dando un sorbo a su chocolate.

—Al haber más locales ofreciendo café de alta calidad a un precio más caro, la gente se acostumbró a pagar más por el café especial. Y nuestra calidad era lo bastante alta como para que no perdiéramos clientela. De hecho, creo que le quitamos clientela a la competencia.

—¿Y a qué se debió?

—Bueno, creo honestamente que nuestro café es el mejor del mercado, tenemos los mejores empleados y el ambiente aquí es el más agradable, ¿sabe?

—Créame que lo sé.

—Pues bien, el asunto es que nos iba bastante bien —dice Dianne—. Recuerde que teníamos un chiringuito a la entrada del Monorail y la gente se había acostumbrado a tomar un café de camino al trabajo. Nos conocía todo tipo de personas y ganamos premios en revistas y canales de televisión. Siempre ocupábamos el primer puesto en las encuestas sobre «El mejor café de Seattle». Venía mucha gente a probar el café y había mucho sitio para todos en aquellos días. Aún lo sigue habiendo, de hecho.

—Da la impresión de que todo les funcionaba según el plan previsto.

—Eso fue parte del problema. No *teníamos* un plan. Vivíamos a salto de mata y ganábamos lo suficiente para satisfacer nuestras necesidades y ahorrar un poco. Ganamos lo suficiente para comprarnos la casa en Bainbridge, de modo que supongo que las cosas nos iban bastante bien. Y cuando una vieja clienta nos vino con un plan para que creciéramos, nos sentimos halagados, pero debido a que carecíamos de una clara visión del negocio, no supimos evaluar debidamente las opciones.

—Entonces, ¿qué hicieron?

—Crecimos. Sabe, esta clienta había vivido muchos años en Europa y realmente sabía de café. Nos decía constantemente que el nuestro era el mejor que había probado. En el curso de unos pocos meses, nos convenció de que, en vista de la rápida expansión de Starbucks, nuestra única posibilidad de supervivencia era expandirnos. Debido a que nuestro café era muy superior, nos dijo, les quitaríamos los clientes cuando compitieran las dos cadenas. En verdad, en aquel tiempo teníamos un poco de experiencia en dirigir múltiples operaciones de éxito, pues habíamos empezado como encargados de la cafetería de Nordstrom durante unas vacaciones de Navidad. Es posible que aún hoy estuviéramos allí si los propietarios no hubieran visto lo bien que iba el negocio y hubieran decidido administrarlo ellos mismos. De cualquier modo, cuando la clienta formuló un proyecto empresarial que contemplaba la creación de docenas de locales, estábamos convencidos de que podíamos dirigirlo sin comprometer los valores del negocio ni la calidad del producto. Además, ¿no es eso acaso lo que se espera cuando se obtiene el éxito? ¿Crecer? ¿Expandirse?

—Parece que eso es lo que piensa la gente —coincidió Carol—. ¿Y cómo lo hicieron?

—Empezamos con dos locales adicionales fuera de la zona del centro. Hicimos dinero, ¡pero detestábamos lo que hacíamos! De hecho, Jack piensa que toda esa experiencia fue un fracaso.

—No la llamaría un fracaso exactamente —dijo Jack sentándose al lado de Dianne, pues ya había acabado de guardar toda la mercancía en su espacio diminuto—, pero ciertamente fue algo que no me gustaría repetir. Fue una experiencia dura. Dianne se encargó del local principal y yo me ocupaba de que el negocio creciera. Siempre estaba contratando y entrenando a nuevos empleados, supervisando nuevos locales, haciendo malabarismos con los créditos bancarios y asegurándome de que el café seguía valiendo la pena mientras crecía el negocio.

—Jack detestaba ejercer de director —añade Dianne—. Añoraba a los clientes de cada día, le disgustaba ir de sitio en sitio y se pasaba tanto tiempo enseñando a los nuevos empleados que sentía que ya no tenía tiempo para preparar café a los amigos. Estaba metido en el negocio de hacer crecer un negocio. Realmente le disgustaba todo el asunto.

—¿Y qué pasó? —pregunta Carol a Jack.

—Con el tiempo vendimos los locales a personas que querían tener su propio negocio;

luego, con el rabo entre las piernas nos concentramos en un solo local; quizá no tuvimos el éxito esperado, pero puedo decirle que hoy somos mucho más felices.

—Lo que les sucedió no es nada del otro mundo —dice Carol—. No es para desanimarse. No perdieron. Sus problemas no fueron de éxito o fracaso, fueron de objetivo u oportunidad. Trataron de hacerlo todo sin un plan.

—Nuestra socia sí *tenía* un plan —dice Dianne con tono defensivo.

—No hablo de esa clase de plan. Me refiero a un plan estratégico. Para ustedes dos, para El Espresso. Si uno no sabe hacia dónde se dirige en los negocios o en la vida, o lo que quiere que suceda en el camino, es imposible decidir con eficacia cuál es el paso siguiente a dar o saber a ciencia cierta si se va en la dirección del éxito. Sin un plan, no es posible determinar acertadamente lo que es el éxito. Sólo se puede juzgar los resultados estudiándolos y basándose en los objetivos que uno se ha planteado.

—Sabe —dice Jack con un destello de comprensión en la mirada—, cuando nos expandimos, algunos pensaron que *eso* era el éxito.

—Pero no lo era para ustedes, ¿verdad?

—¡Así es! No para mí. Lo detestaba. Para mí, *no* poder preparar unas buenas tazas de café ni hablar con los clientes me hacía sentir como un fracasado.

—Ésa es la clave —explica Carol—. Antes de poder triunfar en el trabajo, hay que definir qué significa el éxito para uno. Cada uno define el éxito de forma diferente, sin embargo muchas veces usamos la misma vara para medirlo. Eso no es justo. En su caso, el éxito significa crear un negocio que les permita seguir haciendo cada día aquellas cosas que les resultaban más gratificantes cuando eran auxiliares de vuelo. Básicamente, preparar un café excelente y entablar amistad con los clientes.

—Y por supuesto —añade Dianne—, ganar suficiente dinero para vivir bien y disfrutar de la vida.

—Por supuesto. Un gran número de las personas más exitosas descubren que si no tienen la suerte de ganarse la vida haciendo lo que más les gusta, más les vale aprender a que les guste para así ganar lo suficiente para poder hacer lo que realmente les gusta. Es como la canción de Crosby, Stills y Nash que dice: «Si no puedes estar con quien amas, aprende a amar a quien está a tu lado».

—Sabe —dice Jack echando una mirada a la creciente cola de gente que espera el café con leche de la tarde—, he estado pensando en la expansión del negocio.

—¿Qué? —pregunta Dianne sorprendida.

—Calma, Dianne. No es lo que piensas. He estado pensando en la *necesidad* de expansión que sienten los hombres de negocios. Y creo que he aprendido algo. Al menos, sobre mí mismo.

Dianne suspira aliviada y le lanza una mirada como diciendo: «De acuerdo, cuéntame». Jack la entiende y continúa hablando.

—Cuando tienes éxito en lo que haces, y no cabe duda de que nosotros hemos tenido éxito, quieres compartirlo con más gente. Parece algo fácil de hacer. Y por supuesto, existe la expectativa de aumentar los ingresos con lo que parece ser un mínimo esfuerzo. En consecuencia, los empresarios tratan de hacer crecer su negocio por medio de la expansión: más tiendas y más grandes. En mi caso, no fue una opción viable. Lo que sucedió fue que pasaba más tiempo trabajando *para* el negocio que *en* el negocio.

—Que es exactamente lo que se debe hacer cuando se trata de hacer crecer el negocio —acota Carol—. Dedicar más tiempo a trabajar *para* el negocio que a estar *en* el negocio.

—Eso es —dice Jack—, pero lo que a mí me gusta es participar en el día a día. No puedo evitarlo. Y aunque tengo un espíritu emprendedor que disfruta creando y dirigiendo el propio negocio, *no* soy un emprendedor nato.

—¿No lo eres? —pregunta Dianne.

—No, no lo es —dice Carol—. Esperaba que usted lo comprendiera, Jack.

—Si Jack Hartman, el hombre que popularizó el café con leche en la capital cafetera de Estados Unidos no es emprendedor —comenta Dianne—, entonces, ¿qué demonios es?

—Soy propietario de un pequeño negocio —responde Jack en el acto—. No es lo mismo. Me gusta lo que hago y lo hago bien, pero no quiero crecer ni *construir* una gran empresa. No tengo la menor idea de cómo empezar algo nuevo ahora y en el futuro. A los emprendedores les encanta la fase de construcción y la confusión y los desafíos correspondientes. Lo que a mí me gusta es trabajar con la gente para mantener el negocio. Piénsalo, Dianne. Yo hago *mi* expansión —el compartir nuestro éxito— ayudando a los demás a empezar y dirigir su propio negocio de café. Ésa es mi versión de expandirse.

—Sí —dice Dianne—, cuando David quiso independizarse le ayudaste a empezar. Cuando

Maria quiso aprovechar su pasión por el café en Europa, le diste toda clase de consejos. Y siempre que alguien se lanza a abrir su propio negocio, incluso competidores, Jack es el primero en ofrecer su apoyo y dar consejos siempre que los demás se lo pidan. Ahora tiene sentido.

—Creo que hay sitio suficiente en esta ciudad como para que sobrevivan cafeterías pequeñas *y* grandes —afirma Jack—. De hecho, pienso que hay sitio en *cualquier* lugar para compañías grandes y pequeñas, *independientemente de la actividad a que se dediquen*, siempre y cuando se mantengan fieles a sus propios objetivos.

—Tiene usted razón sobre el tamaño, Jack —señala Carol—. ¿Recuerda cuando hace pocos años se lanzó al ruedo Rally's Hamburgers? Decidieron que McDonald's, Burger King y Wendy's habían olvidado su idea inicial, que era servir hamburguesas para gente con prisa. Por tanto, crearon pequeñas tiendas al lado de los grandes competidores y ofrecieron a buenos precios hamburguesas de todas clases, batidos y patatas fritas. Y mírelos hoy: un pequeño negocio exitoso operando a la sombra de los gigantes de comida rápida.

—Incluso *eso* es demasiado grande para mí
—dice Jack—. Yo quiero una sola tienda. Pero
ayudaré a quienquiera tener la suya. Es mi idea de la
expansión: no abandones la sencillez. Que cada cual
obtenga su parte de la tarta.
Trabaja lo suficiente para
hacer dinero, pero déjate
bastante tiempo libre para
hacer otras cosas que te
gustan. Ama lo que haces y haz
lo que amas. Para mí, ése es el secreto del éxito en el
trabajo, ya sea en el propio negocio o si sólo eres
una de las personas que hacen funcionar ese
negocio.

—No sé si es la cafeína que he consumido en
los últimos días, o la conversación con ustedes dos,
o escuchar a los clientes —dice Carol con un destello
de introspección de la mirada—, pero estoy
empezando a entender lo que está pasando aquí.
Denme unos pocos minutos y otro café con leche y
espero poder sintetizar lo aprendido.

—De acuerdo, yo lo prepararé —se ofrece Jack
levantándose de un salto del banco.

—No, tú no, tonto —dice Dianne remedando la forma de hablar de las películas de los años cuarenta—, me toca a mí.

—Lo que tú digas, niña. Lo que tú digas.

6

LAS CUATRO P
Grandes lecciones de una pequeña taza de café

Oh, café, tú quitas toda preocupación;
Eres el objeto del deseo del sabio.
Poema árabe

El Espresso
Calle Pine y Cuarta Avenida
Centro de Seattle
15.00 horas

Jack y Dianne Hartman se ocupan de ordenar las cosas que no hace falta ordenar y ayudan a los empleados Anne Martin y Deirdre O'Neill a preparar cafés para la cola interminable de clientes. Carol, provista de otro café con leche, se sienta en el banco. Consulta sus notas, escucha las grabaciones de los clientes y empleados de El Espresso y anota ideas en el ordenador portátil. Por las sonrisas de aprobación en su cara y sus periódicos movimientos de asentimiento con la cabeza, resulta obvio que está satisfecha con los resultados de sus tres días de trabajo de campo. Por último, Carol apaga el portátil y con gestos invita a Jack y Dianne a reunirse con ella.

—Si recuerdan —empieza diciendo Carol—, mi primera pregunta fue por qué los clientes hacen cola aunque llueva por un café. Pues bien, tras la conversación que acabamos de tener y por lo que hablé ayer con los clientes, pienso que finalmente tengo la respuesta.

—¿Y esa respuesta nos ayudará a recuperar la clientela que hemos perdido? —pregunta Jack.

—Creo que sí —contesta Carol al tiempo que se dispone a revelar lo que ha descubierto sobre el éxito de El Espresso.

»Empecemos diciendo que el éxito de El Espresso se debe a ustedes dos, a su duro trabajo y a la intuición y la pasión que pusieron en este empeño. Lo que hicieron y las razones subyacentes son responsables de la reputación y la posición que se han ganado en la comunidad.

—Muy bien —interviene Jack—, pero ¿cómo puede ser que nosotros no sepamos cuáles son esas razones? Si son idea nuestra, ¿por qué no nos resultan obvias?

—Cuando se vive algo tan intensamente como les ha sucedido a ustedes, no siempre es fácil tomar distancia y ver lo que se está haciendo. Como consultora, tengo la ventaja y la oportunidad de observar su trabajo, hacer preguntas y explicar la situación con un punto de vista neutral. Que ustedes no puedan expresar estos principios con total claridad no significa que no sean reales, o que ustedes no los pongan en práctica cotidianamente de forma inconsciente, o que no estén actuando incluso ahora mientras hablamos. Eso es lo que caracteriza a los principios universales: funcionan independientemente de si se cree en ellos o no.

Jack y Dianne se sientan con Carol en medio y la escuchan mientras ésta continúa hablando.

—A fin de ver qué se debe hacer para superar la pérdida de clientes causada por el traslado de la gran compañía, necesitan saber, en primer lugar, qué hicieron para que el negocio funcionara. A menudo, el secreto para lograr el éxito en tiempos malos es repetir lo que se hizo al empezar y en tiempos buenos. Para entender qué pasa con los clientes, primero hay que estudiar qué ha cambiado, aparte de la causa aparente e inmediata del bajón.

»Desde que empezaron hace más de veinte años, se han mudado varias veces. Para la mayoría de pequeños comerciantes, en especial en el caso de negocios como El Espresso que dependen tanto del sitio conveniente para atraer a los clientes, ese solo elemento puede liquidar el negocio. Pero eso no les sucedió a ustedes. De hecho, cada vez que se mudaron, no sólo les siguieron los clientes habituales, sino que también captaron nuevos clientes. Por tanto, descarto el sitio como problema.

»Otro problema potencial lo constituyen los empleados. Desde el comienzo hasta ahora, han tenido casi una cincuentena. Como en todos los establecimientos de servicios, los empleados representan el vínculo directo con la clientela. No sólo los malos empleados pueden perjudicar, sino también los buenos.

—¿Cómo nos puede perjudicar un buen empleado? —pregunta Dianne.

—Cuando un negocio de servicios depende de que los empleados lo sean todo para el cliente, por ejemplo, un restaurante que gira en torno a un chef famoso, y ese personaje cambia de trabajo o abre su propio negocio, la empresa puede perder clientes e incluso puede dejar de existir, debido a ese empleado. En su caso, no sólo se les han ido buenos trabajadores que fundaron sus propias compañías, sino que ustedes les ayudaron. Aun así, el negocio conservó la fidelidad de la cartera de clientes. Por tanto, tampoco se trata de los empleados.

»Luego, estudié lo que no había cambiado. Y aunque muchas cosas no han cambiado a lo largo de los años, he dividido los principales elementos en cinco áreas: Pasión, Personas, Trato Personal, Producto y Objetivo.

—Tal vez debiéramos denominarlas «Las Cuatro P» —dice Dianne medio en broma—. Oh, lo sé. Y la Visión del Objetivo.

—Me gusta eso, Dianne —dice Carol—. Acaso así nos resulten más fáciles de recordar. Por tanto, la primera P es la Pasión. Los dos la tienen. Tienen pasión por el café, por el negocio y por hacer feliz a la gente. De no haberla tenido, les hubiera resultado difícil, si no imposible, mantener la línea de actuación que han logrado mantener, incluso en las recientes crisis por las que han pasado.

Jack reflexiona en silencio sobre las palabras de Carol.

—Cuando la gente hace lo que ama, siente que

su forma de ganarse la vida no es realmente trabajo; es diversión. Cuando se presta atención al propio corazón, se descubre la fuente personal de energía positiva. Eso es lo que ambos hicieron cuando compraron El Espresso. El resultado fue que empezaron a crear su trabajo en torno a la pasión. Y su visión del negocio, el objetivo, fue resultado directo de esa pasión. Sabían que querían preparar la taza perfecta de café y enseñar a la gente a amarla con la misma pasión que ustedes sentían. Lo que realmente hicieron fue compartir la pasión transmitiéndosela a los clientes y a los empleados. Estaban construyendo un ambiente en el que ustedes, los clientes y el personal podían expresar y compartir esa pasión, primero con respecto al café y, segundo, con ustedes mismos y el mundo a su alrededor. Cuando se logra que la propia pasión sea el motor del negocio, el trabajo se convierte en un juego. Y eso pone la nota de diversión y, en última instancia, abre las puertas del éxito.

—Tengo algunas preguntas al respecto —dice Jack—, pero ahora continuemos. ¿Cuál es la siguiente P?

—Personas: y vale
tanto para los clientes
como para los
empleados. Conforme El
Espresso alcanzaba el
éxito, ustedes se supieron
rodear de buenos clientes

y de buenos empleados. Seleccionar y preparar
buenos empleados fue el primer desafío; ustedes
superaron ese escollo desde el primer día y lo siguen
haciendo hoy. Buscan gente que comparta sus
valores y luego la capacitan para preparar una
buena taza de café. Si mal no recuerdo, no les
interesó encontrar empleados con experiencia en
otras cafeterías; buscaron buena gente que quisiera
trabajar para ustedes.

—Así es —confirma Jack—. De hecho, bastantes
empleados nuestros fueron primero clientes. Les
encantaba nuestro café, lo que representábamos y
decidieron trabajar con nosotros.

—Eso es exactamente lo que intento decir, Jack.
La buena gente se convierte en buenos empleados. Y
cuando un negocio está lleno de buenos empleados,
¿saben que se consigue?

—Buenos clientes —dicen Jack y Dianne al unísono.

—Lo han captado. Por supuesto, la capacitación y el desarrollo idóneos de los buenos empleados son resultado directo de tener pasión. La pasión es el carburante; los empleados son el motor. Cuando a los empleados les gusta lo que hacen, son leales al trabajo. Los empleados leales crean mejores productos y servicios. Los mejores productos y servicios atraen a mejores clientes. Y los mejores clientes son fieles y a la larga representan un mayor valor en la vida del negocio.

»La forma en que usted, Jack, mantiene contentos a los empleados es creando expectativas compartidas *con* ellos y comunicándoles sus objetivos. De ese modo, en todo momento, saben lo que usted espera *de* ellos. Usted no usa el miedo ni la coacción para obtener los resultados apetecidos. Lo que yo veo que usted hace es respetar a los individuos y valorar su contribución. Eso les permite poner lo mejor de sí mismos cada día en la tarea. Y usted les anima a tener éxito, incluso si quieren irse y montar un negocio que compita con el suyo.

—De acuerdo —admite Jack—. ¿Cuál es la tercera P?

— La P de Trato Personal. Hay que dar un trato personalizado. Con ello, quiero decir que hay que crear una conexión entre el cliente y el negocio que va más allá del producto, una conexión que crea fidelidad. En su caso, usted hace que los clientes sientan que ésta es su cafetería personal. Cada uno de ellos se siente un cliente habitual. Haya planificado o no hacerlo de este modo, es un hecho que usted ha dedicado tiempo y energía a aprenderse sus nombres y lo que toman. Esto no sólo acelera el tiempo de la transacción, sino que les permite seguir más rápidamente con sus cosas. Y al mismo tiempo les proporciona una sensación de comunidad. Para sus clientes, El Espresso es el sitio que frecuentan y en el que todo el mundo sabe cómo se llama. Cuando vienen aquí, son alguien y sienten que ustedes se ocupan de ellos. Y también saben detalles personales sobre ustedes: lo que hacen, lo que les gusta, que están felizmente casados. Se comparte mutuamente información personal y eso tiene lugar durante el curso natural de venderles café. Todos queremos vivir experiencias que nos hagan sentir como amigos en vez de como meras fuentes de ingreso para una empresa. Cuando usted ofrece ese trato al cliente, crea exactamente esa clase de experiencia que luego se cuenta a la familia, los amigos y los compañeros de trabajo. Para sus clientes, El Espresso se ha convertido en parte de sus vidas. Para ellos, la relación con ustedes es personal.

—Realmente no se me había ocurrido verlo de esa manera —señala Dianne, tras prestar mucha atención a las observaciones de la consultora—. Me parece una tremenda responsabilidad.

—Puede serlo —responde Carol—, pero cuando hay diversión en las cosas, la relación sigue siendo satisfactoria y rentable para ambas partes.

Carol lee algo en la pantalla de su portátil y continúa.

—La P final es el Producto; en su caso, el café. El producto es la base de cualquier negocio, para bien y para mal. Un buen producto a veces puede hacer que el cliente pase por alto las otras tres P, pero esas otra tres P no pueden superar los efectos drásticos y casi siempre letales de un mal producto.

»Su éxito, Jack, se debe en parte al hecho de que le apasiona su producto tanto como la gente. Me dijo que no sacrificaría la calidad del café en aras de un precio más reducido. Por tanto, a medida que hacía crecer el negocio, buscaba los mejores granos y los mejores proveedores. Dio con el mejor modo de mezclar y preparar el producto. Les pidió la opinión a los clientes y la respetó. Eso se debe a que usted sabe instintivamente que su producto no es el mero café con leche que se llevan; sino también la calidad de la misma experiencia. El café y la experiencia de adquirirlo constituyen el producto por el que El Espresso se ha hecho famoso.

»Y ha mantenido la misma oferta a lo largo del tiempo, pese a los cambios de personal y las múltiples mudanzas. Esa uniformidad del producto crea una confianza en el cliente que afianza su deseo de seguir siendo fiel. Usted y Dianne, y todos los empleados, se han ganado una merecida reputación de ofrecer un producto del que a los clientes les encanta hablar.

»Por último, la finalidad. O
como usted la llamó, la Visión
del Objetivo. Si no se sabe
claramente lo que se pretende
conseguir, no hay forma de ser
eficaz. Los resultados
obtenidos sólo se pueden evaluar con respecto al
objetivo. Cuando los resultados están en
consonancia con los objetivos, se ha llegado a la
estación llamada éxito.

Carol se detiene para dejar que sus palabras
produzcan el efecto esperado.

—Y en suma, ésa es la razón por la que sus
clientes están dispuestos a hacer cola bajo la lluvia y
pagarles un buen dinero por una taza de café.

—Veamos si la he entendido —dice Jack—. Para
que El Espresso *vuelva* a tener éxito, tenemos que
sentir pasión, contratar a personas buenas, crear
buenos clientes, hacer que la experiencia de
comprar café aquí sea especial y mantener la calidad
del producto ¿Es correcto?

—Así es.

—Seguramente se necesita mucho más para dirigir un buen negocio. Este asunto de las Cuatro P suena bastante simple.

—Está claro que en un negocio hay que considerar más elementos —explica Carol—. La contabilidad, los recursos humanos y todo tipo de cosas con nombres extravagantes que no pueden ser ignorados. Pero el meollo de la cuestión es que las Cuatro P cubren todos los ingredientes básicos para alcanzar el éxito. Si hace correctamente esta parte esencial, el resto vendrá por añadidura. Si a usted no le gusta la contabilidad, contrate a un contable.

—Ya lo hacemos —admite Dianne.

—Me gusta pensar que la vida está hecha de verdades simples —dice Carol—. Y créase o no en ellas, funcionan con o sin su participación. Las verdades simples son como el sentido común. Y si bien pueden ser de sentido común, no constituyen la práctica generalizada. Pero estaban a su disposición cuando usted empezó y aún hoy representan la práctica habitual para usted.

—En resumen, usted dice que para que crezca mi clientela lo único que tenemos que hacer es seguir las Cuatro P —comenta Jack con un dejo de evidente incertidumbre en la voz.

—Puede sonar simple, pero así sucede con las verdades universales. Aunque las Cuatro P han salido a la superficie mientras estudiaba su caso, estos principios son aplicables a cualquier negocio, independientemente del tamaño o del tipo de producto que se venda. Las Cuatro P están ahora mismo en funcionamiento en miles de empresas, sean éstas conscientes o no de su existencia.

—¿Incluso una empresa con cientos de empleados?

—¿Ha oído hablar de Jet Blue?

—Es una nueva compañía aérea que vuela de Seattle a Nueva York, ¿verdad? —preguna Dianne.

—Exacto. Pues bien, he estudiado el desarrollo de Jet Blue desde su comienzo y, de hecho, vuelo con ella cada vez que vengo a Seattle. Les puedo decir con total seguridad que las Cuatro P forman parte de su filosofía cotidiana.

—¿Las llaman las Cuatro P?

 —No, pero debido a que son verdades universales, no importa cómo las llamen porque de cualquier manera funcionan.

—¿Cómo puede saberlo? —pregunta Jack.

—Analicémoslas una por una. La Pasión. A David Neeleman, el fundador, le apasiona crear una línea aérea eficiente, barata y que trata bien a la gente. Las Personas. Contrata a los mejores, les ofrece compartir los beneficios y *stock options* e insiste en que se despida a cualquier empleado que no trate con el debido respeto a los clientes. El Producto. Sólo ha adquirido un tipo de avión para reducir los gastos y puso asientos de cuero y televisión por vía satélite en todos ellos. Ofrece un pasaje de ida y vuelta gratuito a cualquier pasajero que tenga problemas con un vuelo. En una ocasión, cuando se produjo una demora de dos horas en la salida de un vuelo, ayudó a llamar personalmente por teléfono a todos los pasajeros para avisarles del retraso.

»El Trato Personal. En eso, realmente destaca. Una vez por semana hace las maletas y vuela en su aerolínea. Se presenta y saluda a cada pasajero y les agradece que vuelen en la compañía.

—¿Y el Objetivo? —pregunta Dianne.

—Muy simple. Jet Blue se propone ser una de las pocas aerolíneas que hacen dinero y crecen año a año. Y Jet Blue no es más que un ejemplo de las miles de empresas de mayor tamaño que emplean con éxito las Cuatro P y la Visión del Objetivo.

—¿Funcionan las Cuatro P y la Visión del Objetivo tanto para los empleados como para los propietarios? —pregunta Jack.

—Sin duda —replica Carol—. Es indiferente ser el propietario, un trabajador de la empresa o un ejecutivo. Las Cuatro P y la Visión del Objetivo son aplicables para usted, su departamento y toda la compañía. Si a usted le apasiona lo que hace, contrata a las mejores personas, se esfuerza por ser la mejor persona posible, personaliza sus relaciones laborales y mantiene la calidad más alta del producto, tendrá éxito tanto usted como su empresa. Al mismo tiempo, podrá enriquecer su trabajo con lo mejor de sí mismo. Y todo eso representará una experiencia positiva y feliz para usted y para sus clientes. Ya que usted y yo nos pasamos trabajando la mayor parte de nuestras vidas, debemos hacer que esa actividad sea lo más gratificante posible. Por fortuna, disfrutar del propio trabajo tiene un buen efecto añadido: ¡es rentable! Y si no es feliz haciendo lo que hace, pregúntese por qué. Aún más importante, pregúntese qué podría hacer para que el trabajo sea más divertido.

»La clave es saber cuáles son sus objetivos. El éxito sólo se puede definir teniendo los objetivos como puntos de referencia. Una vez que sabe lo que quiere conseguir, entonces puede formular planes para hacerlo realidad.

Carol mira a Dianne, que parece animada, y luego a Jack, que tiene cara de preocupación.

—Jack, ¿qué le preocupa?

—No lo sé, Carol. Las Cuatro P y la Visión del Objetivo parecen algo realmente sencillo. Pero dan mucho que pensar. No sé cómo usted pudo deducir todo esto de lo que hacemos aquí. Pienso que vino con ideas preconcebidas e hizo que lo que encontró aquí encajara con esas ideas.

—Jack, por supuesto que vine con los conceptos *esenciales* en la cabeza. Eso es lo que estudio, es lo que hago para ganarme la vida. Pero, créame que las Cuatro P y la Visión del Objetivo fueron fruto directo de mis observaciones sobre Dianne y usted, sus empleados y los clientes. Y usted *utiliza* esos principios. Cada día. Dígame, ¿cómo andan las cosas con George?

Jack mira la cola de gente esperando el café de la media tarde y recuerda su conversación con George.

~   ~

—*Estoy cansado, Jack. Creo que ya no me importa nada —dice George, el viejo empleado de Jack—. Me caen bien los clientes y no tengo el menor problema contigo o con el*

trabajo, pero no tengo más ganas de levantarme cada
mañana y venir a trabajar. Sabes, lo realmente negativo es
que todo esto empieza a afectar a mi relación con los
clientes. He notado que varios que solían venir aquí han
empezado a pasar de largo y van al café Nordstrom.
Mucho me temo que si sigo así, perjudicaré al negocio.
Pienso que debo dejarlo. Al menos, por un tiempo.

La reunión celebrada a instancias de George no iba tal
como había previsto Jack. Nada de gritos, ni de ansiedad,
ni de acusaciones, ninguna recriminación. Jack no estaba
nada seguro de que si se revertieran los papeles, él pudiera
manejar la situación tan bien como George.

—George, lamento que las cosas sean así, pero si
piensas que no lo estás haciendo bien ni ves manera de
cambiar el rumbo, coincido contigo en que probablemente
la mejor opción es tomarse un respiro. Tengo que creer, tal
como tú dices, que las cosas se te empiezan a escapar de las
manos. La vida no puede ser sólo trabajo y nada de
diversión. Y desde que te encargas de
abrir la cafetería por las mañanas
trabajas seis días a la semana. Tu
dedicación y tu fidelidad han
beneficiado al negocio y a mí, pero
pienso que acaso nos excedimos.

Creo que no debería haberte dejado trabajar tanto.
Tendría que haberte obligado a tener otro día libre.

—Tal vez tengas razón, pero yo me habría negado a
tener otro día libre —dice George—. Me encanta este sitio y
me encantan los clientes, pero creo que ya es hora de que yo
haga alguna otra cosa. Siempre me dijiste que no esperabas
que nadie trabajara aquí toda la vida. No sé cómo tú sigues
adelante.

~ ~

—Parece que se ha solucionado todo —dice
Carol— y que George realmente asumió su
responsabilidad.

Jack asiente con la cabeza.

—Es la mejor manera de terminar, pero créame
que no empezó de este modo. Hoy hablamos tres
veces. O mejor dicho, lo intentamos. Lo que pasaba era
que ninguno de los dos quería afrontar el problema.
Ambos tratábamos de evitar el conflicto. Supongo que
con el paso de las horas, finalmente ambos
enfrentamos el problema real, que era de George, pues,
lamento decirlo, se trataba del *objetivo* de George.

—¿Y una vez aclarado?

—Una vez aclarado, a los dos nos resultó más fácil decidir qué hacer con el problema.

—¿Y cuál es la decisión?

—George nos dio dos semanas de preaviso y yo le di seis meses para pensarse lo que quiere hacer. Si decide volver, le he prometido ayudarle para que alcance sus objetivos. Sean cuales sean.

—¿Ve? —dice Carol—. Usted siempre supo lo que tenía que hacer.

—Tal vez usted tenga razón con este asunto de las Cuatro P, pero si es tan fácil, ¿por qué me cuesta tanto verlo?

—Tal vez porque lo está viviendo. Acaso a mí me sea más fácil porque puedo venir aquí con la mirada sin prejuicios de una observadora imparcial y ver lo que realmente está pasando.

—Digamos que tiene razón en todo esto, pero aún no veo cómo me puede beneficiar.

—Ya lo ha beneficiado una vez, Jack, y volverá a hacerlo.

—No estoy tan seguro.

—Pues eso es lo positivo de todo esto. Usted tiene que decidir. Puede ser que esté en un mercado difícil, pero tiene todos los elementos para lograrlo. Le digo qué hacer. Dedique un tiempo a revisar sus objetivos y luego haga un esfuerzo consciente por volver a aplicar las Cuatro P. Hágalo, y yo me paso dentro de seis semanas para ver cómo le va. ¿Qué le parece?

—No estoy seguro de que vaya a funcionar, pero quiero intentarlo.

—Ve, ya está elaborando sus objetivos.

—Muy bien, supongo que la contraté por algún motivo. Lo intentaré.

—Nos vemos dentro de seis semanas.

EPÍLOGO
Seis semanas más tarde

Calle Pine y Cuarta Avenida
Centro de Seattle
10 horas

Brilla el sol en un cielo despejado y hace cuatro días que no llueve. En Seattle, eso se considera casi una sequía. La temperatura ronda los diecinueve grados, suficientemente cálida como para querer salir a la calle y lo bastante fresca como para desear una taza de café caliente en la mano.

Jack Hartman está sentado en un banco enfrente de El Espresso con un *ristretto* humeante en las manos. Su amigo Jim Howse está sentado a su lado. Es la primera vez en casi seis semanas que mantienen una conversación seria.

—Tienes buen aspecto, no se te ve cansado; no tienes ojeras. Estás lleno de energía. Eres un hombre diferente, Jim. ¿Qué ha sucedido?

—Sabes, Jack, es algo demencial. No pude quitarme de la cabeza lo que me dijiste acerca de cómo dirigirías mi negocio. Me lo tomé en serio y empecé a pensar en todo lo que hacía y por qué. Una de las cosas que descubrí fue que no confiaba nada en mis empleados. Los consideraba enemigos, no aliados. No los veía como personas que pudieran contribuir a que mi negocio funcionara. Y tampoco les tenía mucha simpatía a los clientes. Vi que tanto yo como mi gente descuidábamos la calidad del servicio. Y eso en el negocio de un bar es el principio del fin. La gente puede tomarse un trago y comer un bocadillo en miles de sitios. Lo que queríamos era no sólo que la caja registradora siguiera sonando sino que volvieran cada día. Para los clientes era obvia la desconfianza existente entre el personal, y ese hecho alejaba a la gente a la que le hubiera gustado ser un parroquiano habitual. Entre todo eso y mi control constante del personal, me di cuenta de que no estaba tratando de conseguir el éxito, sino de no fracasar.

—Entiendo lo que dices. ¿Y qué hiciste?

—Decidí hacer lo que me dijiste. Tuve una larga charla con Debbe, la encargada de la noche, y le pregunté cómo pensaba que *debía ser* el bar, sabes, qué clase de bar queríamos. Luego le pedí que me sugiriera algunos modos de mejorar el negocio. Me resultó difícil, pero le dije que sus ideas eran estupendas y que debía ponerlas en práctica. Luego, dejé de ir al bar a las tres de la mañana.

—¿Cómo te fue? ¿Mejoraron las cosas de inmediato?

—Pues... no tan de inmediato. Tardamos casi un mes, pero me mantuve firme y poco a poco el personal cogió el ritmo. Vieron lo bien que nos llevábamos Debbe y yo y que yo la dejaba tomar la iniciativa. Ahora empiezan a proponer ideas.

Acabamos de empezar a probar algunas y, debo admitirlo, el negocio marcha sobre ruedas. Han aumentado los ingresos y parece que tenemos más clientes que ahora conservamos. Por lo que puedo ver, los beneficios se han disparado. Y lo mejor de todo es que todos nos llevamos bien. Y duermo más. Me siento un hombre nuevo. Y te lo tengo que agradecer.

—Es estupendo, Jim. Me alegro por ti. Verte con ese buen aspecto y escuchar lo bien que marcha tu negocio es lo que yo *necesitaba*. Pero no te conté nada que tú ya no supieras. Lo pude ver con mayor claridad porque no estaba inmerso en todo eso como tú. Lo mismo me sucedió a mí con la consultora que contraté.

—Oh, sí. Tienes razón. Lo había olvidado, pero lo que te haya dicho ha funcionado. Las cosas parecen ir de perlas por aquí. Últimamente, he visto colas más largas que antes del traslado de aquella compañía. ¿Qué te dijo?

—Esencialmente, me dijo lo mismo que yo te dije a ti. Pienso, como tú, que probablemente lo sabía casi todo, pero no lo tenía en cuenta.

—¿Y qué hiciste?

—Bueno, volví a los aspectos básicos, a lo que había hecho cuando empecé. Volví a traer la pizarra y a escribir una pregunta distinta cada día. Eso hizo que la gente me hablara y hablase entre sí. Algunos llegaron a sugerir la pregunta del día siguiente. Tenemos concursos semanales que habíamos dejado de hacer hace algún tiempo y empezamos a llevar café gratis a una oficina distinta cada semana. He comenzado a escribir un manual de capacitación poniendo por escrito todo lo aprendido en estos años. Además de todo lo que Carol me ayudó a recordar y que fue básicamente lo que me había lanzado a tener un negocio propio.

—Dios santo, parece que has reencontrado la forma de hacer las cosas.

—Así es. Sabes, Jim, creo que me había olvidado de cuánto me gusta hacer lo que hago. Bueno, tal vez no me guste todo el tiempo y puedo llegar a cuestionar algunas cosas tal como hacía George antes de irse. Pero ver las cosas desde fuera como hizo Carol ayuda mucho. Sabes bien el tremendo esfuerzo que representa llevar un negocio. Exige una inmensa cantidad de energía, a mí *y* a los empleados. Y me pregunté sobre la pasión que había sentido. Y mis objetivos. ¿Podía recuperarlos?

»Una vez que tuve claro lo que realmente quería y me hube comprometido con lo que Carol llamaba las Cuatro P, supe que podía aguantar el esfuerzo. Ahora siento que he entrado en una nueva etapa de este negocio. Y de mi vida. Me siento absolutamente reanimado.

—¿Cuatro P? Sólo conozco un tipo de...

—¡Déjate de marranadas! Carol dice que un negocio obtiene el éxito basándose en cuatro factores principales. La Pasión o cuánto te importa lo que haces. Las Personas, o la forma en que seleccionas el personal y lo preparas para trabajar, y la forma en que lo organizas todo para atraer a los clientes que realmente te interesan. El Trato Personal, cómo conviertes en amigos a los empleados y a los clientes, la gente que comparte el espacio contigo. Y el Producto, por supuesto; debe valer la pena comprar lo que vendes. Por tanto, ésas son las Cuatro P que empiezan por la Pasión.

—No hay duda de que has recuperado la pasión, Jack. Tal vez me convenga a mí también tener una sesión con Carol cuando vuelva por la ciudad. Parece que vale la pena.

—Así es, pero también parece que tienes las cosas bajo control sin ninguna ayuda exterior.

—Sí, pero como tú dices, alguien de fuera puede ver las cosas con mayor claridad. Creo que si a ti te ha sido tan útil, yo también podría aprender una o dos cosillas.

—Pues casualmente la espero esta tarde. Déjame tu tarjeta y se la daré cuando venga.

—Gracias, Jack, ahora tengo que irme. Tengo una reunión con Danny, el encargado de día. Dice que tiene algunas ideas para mejorar los almuerzos del mediodía. ¿Por qué no te pasas más tarde y me permites invitarte a un trago? Te debo uno, al menos.

—Será un placer. Hasta luego.

Jack acaba el *ristretto*. Cuando piensa en la conversación con Jim, de repente se da cuenta de que está ansioso por volver a ver a Carol. No sólo porque el negocio marcha viento en popa otra vez, sino porque quiere contarle cómo ha ayudado a Jim a mejorar su negocio usando las verdades universales de las Cuatro P y de la Visión del Objetivo.

Cuando Carol aparece, Jack ya está más que listo.

—Hola, Carol, qué gusto volver a verla. Permítame que le sirva un café con leche antes de sentarnos a hablar. Y puede poner en funcionamiento la grabadora. Tengo tanto que contarle que podrá escribir un libro.

Unas páginas de las notas de Carol Wisdom

Los Cuatro Principios para dirigir un negocio en buenos o malos tiempos

PASIÓN, PERSONAS, TRATO PERSONAL, PRODUCTO: UNA RECETA PARA LA VIDA Y EL TRABAJO

Ponga un poco de cada uno de estos ingredientes en su trabajo y en las relaciones laborales para experimentar satisfacción y éxito en todo lo que hace

Todo gira en torno a la Pasión

- Haga lo que le gusta hacer y no trabajará un solo día más en su vida.
- Escuche a su propio corazón y descubra su fuente personal de energía positiva.
- Cree su trabajo en torno a la pasión.
- Persiga una visión; fusione trabajo y diversión.
- Compártala generosamente con los demás.
- Cree un ambiente donde todos puedan expresar libremente su pasión.
- Lo que usted hace debe ser una extensión natural de usted mismo.

Consiga contagiar su Pasión a la gente

- Busque gente que comparta sus valores.
- Abandone el recurso al miedo y a la fuerza en sus relaciones con los demás.
- Comuníquese con claridad y elabore expectativas compartidas.
- Respete y apoye a todas las personas con las que trabaja y reconozca sus contribuciones.
- Ponga lo mejor de usted mismo en el trabajo cotidiano.

- Asuma lo positivo: confíe en usted mismo y extienda esa confianza a los demás.
- Ayude a los demás a alcanzar el éxito.
- Tenga pocas normas y ningún secreto.
- Cree las condiciones para que todos los días cada empleado pueda ser felicitado por su trabajo.

Cultive el trato personal
- Practique simples muestras de cortesía.
- Sea auténtico y bien intencionado en todas las situaciones.
- Inicie relaciones positivas.
- Abra la puerta y vaya más allá de la transacción: sea generoso.
- Actúe como propietario y anfitrión.
- Acostúmbrese a tratar a todo el mundo como único y valioso.
- En el trabajo no se trata sólo de usar las manos, sino también la cabeza y el corazón.

El producto es la base
- Apasiónese por su producto tanto como lo hace por la gente.

- Encuentre pequeñas maneras de diferenciar y deleitar.
- Escuche al cliente.
- Trátelo como si fuera el único y el mejor.
- Cree confianza con coherencia.
- Gánese la reputación de ofrecer un producto del que sus clientes no puedan parar de hablar.

La Visión del Objetivo
- Sea claro acerca de lo que define su éxito.
- Visualice lo que quiere que sea su relación con el trabajo.
- Tenga confianza en sus esperanzas, sus sueños y sus aspiraciones, y trate de hacerlos realidad.
- Intente comprender y respetar los objetivos de los demás.
- Elija opciones positivas siempre que se le presente la oportunidad.
- Utilice los objetivos para comprobar que marcha en la dirección correcta.

Foro de discusión
Aplicar las Cuatro P a sus experiencias laborales

Las siguientes preguntas tienen el cometido de ayudarle a comprender su relación con el trabajo. Sus respuestas deben darle una idea clara sobre su situación actual y llevarle a descubrir lo necesario para hacer los cambios que le ayudarán a alcanzar sus objetivos.

Las preguntas están divididas por capítulos y subdivididas para situaciones de trabajo individual o en grupo.

Disfrute de la conversación.

CAPÍTULO 1: PASIÓN

Trabajo individual

- La vida es demasiado corta y demasiado divertida para pasarla durmiendo. ¿Siente pasión por lo que hace? Si no es así, ¿por qué no?
- ¿Qué puede hacer para sentir esa pasión y vivirla cada día?
- ¿Otras personas sienten o experimentan pasión gracias al trabajo que usted hace?
- ¿Puede conservar la pasión en el tiempo?
- Si descubre que le está fallando la pasión, ¿cómo la vuelve a encender?

Trabajo en grupo

- En vez de esperar a que los clientes sintieran pasión por El Espresso, Jack y Dianne Hartman decidieron hacer algo para generar esa pasión. ¿Cómo puede usted aplicar este concepto en su trabajo y en sus relaciones laborales?
- Como jefe, ¿cómo puede facilitar la expresión de esta pasión?
- ¿Qué significa trabajar para una empresa apasionada? ¿Pueden coexistir armoniosamente la pasión y los beneficios? ¿Se valora la pasión en las empresas de hoy en día?

- ¿Qué papel desempeña la pasión en su organización? ¿Se pone de manifiesto regularmente? ¿Se manifiesta de algún otro modo? ¿Son conscientes los clientes de su existencia? ¿Qué se interpone en su camino?
- ¿Cómo se puede generar pasión en una empresa en tiempos difíciles? ¿La pasión está relacionada con la motivación? ¿Cómo?
- ¿Cuáles son los principios básicos de su organización? ¿Aún están en vigor? ¿Los conocen los empleados?
- El Espresso pasa por un bajón económico. ¿Ha vivido algo similar en su carrera? ¿Cómo afrontó la solución del problema? ¿Resultó una solución efectiva? ¿Por qué sí o por qué no?

CAPÍTULO 2: PERSONAS
Trabajo individual

- ¿Qué clase de personas trabajan para usted o con usted?
- ¿Qué clase de persona es usted?
- ¿Son sus clientes los idóneos?
- ¿Ha sido selectivo al escogerlos y se ha preparado adecuadamente para servirlos?
- ¿Ha creado relaciones duraderas con aquellos a quienes sirve y con quienes trabaja?

- ¿Qué reputación se esfuerza por alcanzar con sus compañeros de trabajo, con su encargado y con sus clientes?
- ¿Piensa que existe un equilibrio entre su vida personal y su vida laboral? Si no es así, ¿cómo puede lograr ese equilibrio?

Trabajo en grupo

- Jack Hartman especuló sobre si su negocio sería viable sin empleados. ¿Qué importancia tiene la gente en su trabajo?
- ¿Se sienten valorados los empleados por la dirección? ¿Por qué sí o por qué no?
- Varios empleados de Jack piensan que trabajar en El Espresso es algo más que ganar dinero. ¿Piensa usted lo mismo? ¿Recompensa su organización a los empleados de alguna otra manera que no sea sólo la paga? ¿Les motiva?
- ¿Le gustaría que su empresa tuviera otros modos de expresar aprecio por sus empleados?
- Uno de los clientes de Jack comentó que no se fiaba de los empleados de su bar. ¿Qué papel tienen en su opinión la confianza y la falta de la misma en el comportamiento cotidiano de los empleados? ¿Qué piensa que puede hacer la dirección para demostrar confianza?

- Un empleado de Jack manifestó haber perdido la pasión por el trabajo. ¿Qué podría haber hecho Jack para conservar a un empleado como George? ¿Es normal que alguien acabe quemado con el tiempo? ¿Por qué sí o por qué no?

CAPÍTULO 3: EL TRATO PERSONAL
Trabajo individual

- Todo el mundo quiere ser cliente habitual de algún sitio. ¿Trata a sus clientes como amigos? ¿Sabe cómo se llaman? ¿Conoce los nombres de los miembros de su familia? ¿Qué les gusta hacer cuando no están en el puesto de trabajo? ¿Conoce de la misma forma a sus empleados o compañeros de trabajo?

- ¿Establece una relación significativa cotidiana con sus clientes y sus compañeros de trabajo? ¿Ha visto que esos esfuerzos generaban una sensación de comunidad?

- ¿Qué hace para que se involucren los clientes?

- Jack recordó haber trabajado en un parque temático donde sus compañeros de trabajo llamaban «animales» a los clientes. ¿Cómo habla usted de sus clientes? ¿Afecta eso a la manera en que los trata?

- Sally Norton, una fiel clienta de El Espresso,

conoció a su marido en la cola para comprar el café matinal. ¿Puede compartir historias positivas de sus clientes que fueron resultado directo de la comunidad creada por usted o por su empresa?

Trabajo en grupo

- Jack señala la importancia de que los empleados se relacionen con los clientes. ¿Qué importancia cree usted que tiene la fidelidad de los clientes con su empresa? ¿Se le ocurren nuevas formas de aumentar la participación y la fidelidad de los clientes?

- Uno de los clientes de El Espresso habló de la seriedad, pero al mismo tiempo del ambiente divertido que reinaba en ese sitio. ¿Es su lugar de trabajo demasiado serio? ¿Puede la dirección alentar un buen equilibrio entre ambos factores? ¿Cómo?

- Carol Wisdom habló de investigaciones que indican que la lealtad del empleado se traduce en fidelidad del cliente. ¿Está de acuerdo? ¿De qué manera una mejora en la moral del personal mejoraría la retención de clientes?

- Fidelidad a El Espresso es la característica más señalada de sus clientes. ¿Ocurre lo mismo con sus clientes? De no ser así, ¿por qué no?

- Según Jack Hartman, la actitud con que llega al trabajo cada mañana marca la diferencia en cómo será finalmente ese día. ¿Está de acuerdo? ¿Cómo puede usted adaptar su propia actitud para llegar cada mañana dispuesto a pasar un buen día?

- Varios clientes comentaron cuánto les gusta que se dirijan a ellos por su nombre y les hagan sentir parte de una familia. ¿Qué hace su organización para que los clientes se sientan especiales? ¿Qué nuevas tecnologías pueden usar las grandes compañías para tratar a los clientes como parte de una familia?

- Uno de los clientes habló de la importancia de tratar bien a la gente. ¿Qué significado tiene eso en su organización? ¿Se enseña? ¿Están sus empleados preparados para determinar lo que quiere decir tratar bien a los clientes? ¿Qué puede hacer su empresa para aplicar algunas de las lecciones que tanto ayudaron a El Espresso?

- Un cliente dijo que El Espresso está pasando por una crisis. ¿Ha tenido su empresa una experiencia similar? ¿Cómo se informó a los empleados?

¿Cómo se informó a los clientes? Evalúe el proceso y describa los resultados.

- Otro cliente dijo que en El Espresso los clientes son los primeros y que el servicio es el rey. En su organización, ¿qué es lo primero? ¿Qué es el rey?

CAPÍTULO 4: EL PRODUCTO
Trabajo individual

- Ninguna de las otras P puede salvar un mal producto. ¿Presta atención a la calidad de lo que hace? ¿Qué sirve? ¿Cómo actúa?
- ¿Representa su producto lo que usted es ante el mundo?
- ¿Ha creado un entorno donde se puede preservar una excelencia sostenida del producto? ¿Cómo afronta introducir cambios en los productos de amplia aceptación sin perder la fidelidad de los clientes?

Trabajo en grupo

- A lo largo de los años El Espresso invirtió tiempo y dinero en crear el mejor producto posible. ¿Qué ha hecho su empresa para mejorar su producto o su servicio? ¿Cómo lo comunica a los clientes?
- Jack Hartman dijo que la uniformidad es una de las características básicas de un buen producto.

¿Está de acuerdo? ¿Cómo mantiene una compañía la calidad por la que es conocida?

- Carol dijo que la opinión de los clientes sobre el café de El Espresso ha alcanzado proporciones míticas: en opinión de ellos, no existe un café como el de El Espresso. ¿Ha alcanzado su producto una proporción mítica en la mente de sus clientes? Si no es así, ¿qué debe hacer para que eso suceda?

- Un cliente dijo que un buen servicio no puede salvar a un mal producto, pero que un mal servicio puede arruinar a un buen producto. ¿Está de acuerdo? ¿Puede recordar ejemplos de ello en el mundo empresarial contemporáneo y en su propia carrera?

- La presión por bajar los costes es inevitable en cualquier negocio y lo mismo pasa con los aumentos de precios. Jack dijo que prefería subir el precio que sacrificar la calidad de su café. ¿Cómo encara su empresa este problema? ¿Cómo se deben comunicar los aumentos de precios a los clientes?

- Carol aleccionó a Jack sobre la importancia de hacer bien los aspectos esenciales. En su negocio, ¿cuáles son los aspectos esenciales? ¿Cómo transmite la dirección a los empleados la importancia de hacer bien esa parte esencial del trabajo? ¿Se centra la dirección en los aspectos esenciales *acertados*?

- Carol describió una nítida correlación entre la forma en que perciben los empleados el producto o el servicio de la empresa y el nivel de su dedicación a los mismos. ¿Está de acuerdo? ¿Ha visto ejemplos de empleados que han mejorado o creado un producto o servicio superior debido a cómo veían ese producto o ese servicio? ¿Qué puede hacer la dirección para motivar esa clase de comportamiento?

- Los negocios de éxito son aquellos cuyos empleados se sienten propietarios y asumen la responsabilidad de sus acciones y de la calidad del producto. Usando esta definición, ¿es su compañía un éxito?

CAPÍTULO 5: OBJETIVOS
Trabajo individual

- *Objetivo* equivale a *plan*. ¿Dispone usted de un plan para su vida? ¿Sabe adónde quiere llegar, lo que quiere ser?

- El éxito es personal y relativo. ¿Cómo define usted el éxito ? ¿Encaja bien su trabajo con esa definición?

- ¿Puede alardear de que le gusta lo que hace? De no ser así, ¿qué tipo de trabajo colmaría sus aspiraciones? ¿Cómo podría cambiar su actual trabajo o su actitud para poder hacer algo que le guste?
- ¿Puede describir sus objetivos con respecto a lo que quiere obtener del trabajo? ¿Qué quiere aportar?

Trabajo en grupo

- Carol habló de la importancia de tener un plan estratégico para cualquier negocio, grande o pequeño. Los planes permiten que el negocio evalúe las oportunidades. Describa qué quiere llegar a ser su compañía.
- ¿Tiene su compañía un objetivo claramente formulado? Descríbalo y discútalo.
- ¿Cuáles son los valores de su empresa? ¿Todos sus miembros comparten los mismos valores? ¿Deberían hacerlo?
- ¿Existe una visión de una situación futura que anime a clientes y empleados por igual? ¿Qué aspecto de ese futuro se relaciona con sus objetivos personales? ¿Puede usted contribuir a que la organización alcance ese futuro?
- Cuando Jack aprovechó la oportunidad de

expandir su negocio, no quedó contento con los resultados. ¿Por qué se sintió así? ¿Cómo se sentiría usted si su compañía tuviera una oportunidad similar? ¿Cuáles son las alternativas viables a la expansión para usted y su empresa?

CAPÍTULO 6: LAS CUATRO P
Trabajo individual y en grupo

- ¿Cómo se adapta su empresa a las Cuatro P? ¿Qué se puede hacer para asegurar que se incorporan las Cuatro P en su trabajo cotidiano?
- ¿Cuáles serían sus beneficios si su empresa aplicara con éxito las Cuatro P al negocio? ¿Habría costes?
- Describa la reputación que a usted le gustaría que tuviera su empresa en la comunidad. ¿Es esa visión coherente con la realidad actual? ¿Por qué sí o por qué no?
- Carol describió las Cuatro P como verdades universales, diciendo que se pueden aplicar a cualquier negocio de cualquier tamaño y en cualquier sector. ¿Está de acuerdo? ¿Por qué sí o por qué no?
- ¿Qué puede hacer *hoy* para que el trabajo le resulte más divertido y sea más rentable para su empresa?

Apéndice
Algunos datos sobre el café

Una breve historia del café

600   El café pasa de Etiopía a Arabia.

1000   El filósofo Avicena describe por primera vez las cualidades medicinales del café al que se refiere como *bunchum*, la palabra etíope original.

1300   Los religiosos islámicos preparan *qawha*, una mezcla de agua caliente y granos tostados de café.

1453   El sultán Selim I introduce el café en Constantinopla. Las leyes turcas determinan que una mujer puede divorciarse si su marido no es capaz de proporcionarle una cuota diaria de café.

1500   El uso del café se expande a La Meca y
Medina.

1511   Khair Beg, el corrupto gobernador de La
Meca, trata de prohibir el café por miedo a
que su influencia aumente la oposición a
su régimen. El sultán decide que el café es
sagrado y ordena la ejecución del
gobernador.

1600   Baba Budan, un peregrino musulmán,
introduce el café en el sur de India.

1607   El capitán John Smith contribuye a la
fundación de la colonia de Virginia en
Jamestown. Se cree que fue el introductor
del café en Norteamérica.

1616   Café procedente de Moca llega a Holanda.

1645   Apertura de la primera cafetería en
Venecia.

1652   Apertura de la primera cafetería en
Oxford, Inglaterra.

1658   Los holandeses empiezan a cultivar café en
Ceilán (Sri Lanka).

1668   El café reemplaza a la cerveza como bebida
favorita en Nueva York.

Abre sus puertas la cafetería de Edward
Lloyd en Inglaterra, que es frecuentada por
mercaderes y agentes de seguros

marítimos. Con el tiempo, se convertiría en el Lloyd de Londres, una de las compañías de seguros más famosas del mundo.

1669   El café se hace popular en París cuando un embajador turco pasa un año en la corte de Luis XIV.

1674   Se hace pública en Londres la Petición de las Mujeres contra el Café.

1675   El rey Carlos II ordena el cierre de todas las cafeterías de Londres alegando que eran sitios de sedición.

1679   Los médicos de Marsella tratan de desacreditar el café diciendo que es nocivo para la salud.

1689   Abre la primera cafetería de París, el Café de Procope.

1696   Abre la King's Arms, la primera cafetería de Nueva York.

1706   Llegan a Amsterdam las primeras bayas de café cultivadas en Java.

1713   Una planta de café cultivada a partir de una semilla de Java es regalada por los holandeses a Luis XIV y plantada en el Jardín Botánico de París.

1720   Abre en Florencia el aún existente Café Florian.

1721	En Berlín, se inaugura la primera cafetería alemana.
1723	Gabriel de Clieu lleva semillas de café de Francia a Martinica.
1730	Los ingleses introducen el cultivo del café en Brasil.
1731	Bach compone «La cantata del café» parodiando la paranoia alemana acerca de la reciente popularidad del café.
1773	El Boston Tea Party convierte en un deber patriótico beber café.
1777	Federico el Grande de Prusia hace público un manifiesto proscribiendo el café en favor de la cerveza, la bebida nacional de Alemania.
1809	El primer café importado de Brasil llega a Salem, Massachusetts.
1869	Se desata en Ceilán la plaga de la roya. En diez años, esta enfermedad destruyó la mayoría de las plantaciones de India, Ceilán y otras regiones de Asia.
1873	Ariosa, la primera marca de café empaquetado, es distribuida por John Arbuckle.
1882	Comienza a operar la primera institución reguladora, el New York Coffee Exchange.

Joel Cheek, un ex mayorista, bautiza a su mezcla «Maxwell House» por el hotel de Nashville donde se servía.

1904　Fernando Illy inventa la primera máquina moderna para preparar *espressos*.

1906　Brasil retiene parte de su producción cafetera en un intento de aumentar los precios.

1911　Los tostadores norteamericanos de café se organizan en una asociación nacional, la National Coffee Association.

1928　Se funda la Federación Colombiana del Café.

1938　Los técnicos de Nestlé en Brasil inventan el Nescafé, el primer café instantáneo que tiene éxito.

1942　Las tropas norteamericanas introducen el café instantáneo Maxwell House en los países donde están destacadas. En Estados Unidos, el acaparamiento generalizado lleva a un racionamiento del café.

1946　En Italia, Achilles Gaggia perfecciona la máquina para preparar *espressos*. El capuchino es bautizado con ese nombre por su parecido al color de las sotanas de los monjes capuchinos.

1959   Juan Valdez se convierte en el rostro del
         café colombiano.

1962   Máximo consumo *per capita* de café en
         Estados Unidos: más de tres tazas diarias.

1964   Abre en Hamilton, Ontario, el primer Tim
         Horton.

1971   Abre en Seattle el primer Starbucks, vende
         café torrefacto.

1972   Guatemala exporta a Europa el primer
         café de precio justo.

1975   El precio mundial del café sufre un
         aumento drástico como consecuencia de
         las severas heladas en Brasil.
         Second Cup hace su aparición en Canadá.

1980   El primer bar de café *espresso* empieza sus
         operaciones debajo del Monorail en
         Seattle.

1989   El Convenio Internacional del Café se
         derrumba debido a que los precios
         mundiales descienden a un mínimo
         histórico.

Principios de la década de 1990 Los cafés de
         calidad selecta se ponen de moda en
         Estados Unidos.

Mediados de la década de 1990 El café de cultivo
         orgánico se convierte en el segmento de

mayor crecimiento en la industria de cafés selectos.

1997   Tim Horton es la primera cadena que ofrece cafés selectos como los capuchinos English Toffee y French Vanilla.

1998   Starbucks ronda las 2.000 tiendas en Estados Unidos y un número similar en Asia y Europa.

1999   Una cafetería diminuta, el tema central de este libro, es el único negocio de Seattle que permaneció abierto durante los incidentes en torno a la reunión de la Organización Mundial del Comercio.

Agradecimientos

Sin la cooperación, la hospitalidad, la magnanimidad y las capacidades de liderazgo de nuestras fuentes amantes del café, este libro no podría haber sido escrito. Aunque no las nombraremos, les queremos hacer llegar un mensaje de aprecio y admiración para ellos, sus empleados y sus clientes. También les agradecemos habernos hecho degustar el mejor café de Seattle.

Leslie quiere agradecer a Charles la invitación a compartir la diversión de escribir la historia de una organización saludable y de sus reconocidos creadores. También quiere dar las gracias a Randy Martin, por ser mi socio, mi complemento, mi artífice de la palabra y mi corrector; a Susan Martin, por el trabajo necesario y tedioso de corregir el texto; a Mike Agrippe y Bill Wilkins, miembros del equipo de Catalyst Consulting Group, por su disponibilidad y constante apoyo; y a todos los que tengan la clarividencia y la pasión de probar cosas nuevas y mejorar su trabajo.

Charles quiere agradecer a los miles de propietarios, gerentes y empleados que viven anónimamente una variación de esta historia en compañías y organizaciones a lo largo y ancho del país y del mundo. Son todos una fuente de inspiración. De igual modo, Charles quiere agradecer a unas cuantas personas que le brindaron sus consejos y su aliento durante el tiempo de preparación de este libro, muy especialmente a Jerry Austin, Matt Barnes, Lisa Biernbaum, Linda Chaput, Marilyn Dahl, Brooke Gilbert, Kathy Gilligan, Teri Kieffer, Will Lippincott, Barbara Monteiro y Patrick Orton.

La editorial Jossey-Bass/Wiley, que funciona como una familia, ha servido como asombroso sistema de apoyo durante la redacción del libro, y quisiéramos agradecer a Debra Hunter, Cedric Crocker, Eric Thrasher, Todd Berman, Mary Garrett, Hilary Powers, Karen Warner y Bernadette Walter, de

Jossey-Bass (así como a Jennifer Johnson, de Wiley) su entusiasmo inquebrantable por esta historia sencilla pero lúcida. Susan Williams fue una temprana promotora del libro y le agradecemos en especial haber sido nuestra abogada, nuestra editora y nuestra amiga. Ella es una prueba viviente de lo valioso que puede ser el papel del editor en la redacción de un libro. Según nuestra experiencia, no hay otra editorial como Jossey-Bass/Wiley que ofrezca tanto respaldo a los autores. Celebraremos nuestra experiencia con ellos para el resto de nuestras vidas.

Sobre los autores

Leslie A. Yerkes: autoproclamada guía *sherpa*

La medida del éxito de Leslie como líder y consultora empresarial es que antes que nada se aplica a sí misma todos los principios que ofrece a sus clientes. En su trabajo como consultora de desarrollo organizacional y de dirección del cambio, su objetivo es no ser considerada como una experta, sino como una consejera de confianza. Leslie se graduó en desarrollo organizacional en Case Western Reserve University después de pasar por la Wittenberg University. Fundó el Catalyst Consulting Group en 1997. Su filosofía es simple: la gente es básicamente buena, bien intencionada, valiente y capaz de aprender. Su trabajo consiste en proporcionar un marco en el que puedan sacar partido de sus propios recursos internos para encontrar soluciones creativas.

En muchos sentidos, Leslie es una paradoja. Aunque está en plena juventud, parece haber nacido vieja al tiempo que mantiene una actitud perpetua de lucha y aprendizaje similar a la de Peter Pan. Es una fuente de ideas, y se preocupa por los más nimios detalles. Le gusta el riesgo extremo; sin embargo, en lo que respecta a su papel en la vida y a su entrega a los demás, es sumamente responsable. La fascinan los rituales y los simbolismos, pero no puede resistirse a una aventura espontánea.

Leslie valora la capacidad de liderazgo, la lealtad y la confianza en las relaciones.

Para ella, la madre Teresa, Albert Einstein, Amelia Earhart, Viktor Frankl, Eleanor Roosevelt, Joseph Campbell y Click y Clack, los hermanos Tappet, son modelos de vida.

Es una voraz aprendiz que da gran valor a su viaje de descubrimiento.

A Leslie le apasiona encontrar y contar historias de empresas sanas. Sus obras publicadas son: *301 Ways to Have fun at Work* y *Fun Works: Creating Places Where People Love to Work*. Ha participado en *Business: The Ultimate Resource*.

Leslie vive y trabaja en Cleveland, Ohio. Cuando se divierte, le gusta hacerlo en Australia y Europa. Su lista de actividades favoritas incluyen pesca con mosca, submarinismo, traslado de ganado, teatro, nadar con delfines y pasar el tiempo con su familia y sus amigos.

Charles R. Decker

Charles trabaja en publicaciones profesionales y empresariales desde hace más de veinte años. Como director del club del libro Executive Program de Doubleday, solía leer anualmente más de mil quinientos manuscritos en busca de títulos potenciales para el club.

Recibió numerosos elogios por su lanzamiento del programa Business Literacy 2000, que continúa fomentando la lectura en grupo en las corporaciones de Estados Unidos y el resto del mundo. Ex presidente y editor de Berrett-Koehler Communications en San Francisco, en fecha reciente fue el responsable del *merchandising* de la tienda de Amazon.com, en Seattle. Charles fue socio fundador de Acumentum Inc., una editorial digital de Nueva York y San Francisco.

En la actualidad, está redactando su segundo libro, que trata de otra empresa comprometida con la dirección humanitaria.

Página de contacto

El siguiente material de apoyo está disponible para ayudarle a revigorizar su organización:

Un vídeo basado en el libro *Una taza de café. Ingredientes para dirigir un negocio con pasión* que se puede comprar en:

Star Thrower Distribution
26 E. Exchange Street
St. Paul, Minnesota 55101
info@starthrower.com

Mensaje clave: fortalezca su organización con una presentación interactiva que dará vida al poder de las Cuatro P y le enseñará a alcanzar el éxito por medio de la Visión del Objetivo.

Para aprender más sobre cómo crear una cultura con las Cuatro P, por favor póngase en contacto con nosotros:

Catalyst Consulting Group, Inc.
1111 Chester Avenue
Cleveland, Ohio 44114
Fax 216-241-3977
fun@catalystconsulting.net
http://www.changeisfun.com
http://www.beansthebook.com

Nos encantará saber cómo su organización ha puesto en práctica las Cuatro P.